ACCESO GRATIS a la Lectura en la Nube

Para visualizar el libro electrónico en la nube de lectura envíe junto a su nombre y apellidos una fotografía del código de barras situado en la contraportada del libro y otra del ticket de compra a la dirección:

ebooktirant@tirant.com

En un máximo de 72 horas laborables le enviaremos el código de acceso con sus instrucciones.

RADIOTELEVISIÓN PÚBLICA DE CASTILLA-LA MANCHA

Presente y futuro normativo

RADIOTELEVISIÓN PÚBLICA DE CASTILLA-LA MANCHA

Presente y futuro normativo

Alberto Campos Jiménez

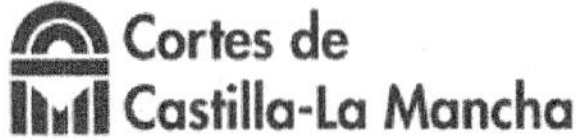

tirant lo blanch
Valencia, 2025

En caso de erratas y actualizaciones, la Editorial Tirant lo Blanch publicará la pertinente corrección en la página web www.tirant.com.

La presente obra ha sido sometida a la revisión de pares ciegos según el protocolo de publicación de la editorial a efectos de ofrecer el rigor y calidad correspondiente tanto en su contenido como en su forma, aplicándose los criterios específicos aprobados por la Comisión Nacional E 016 (BOE num. 286, de 26 de noviembre de 2016).

EDITA: TIRANT LO BLANCH
C/ Artes Gráficas, 14 - 46010 - Valencia
TELFS.: 96/361 00 48 - 50
FAX: 96/369 41 51
Email: tlb@tirant.com
www.tirant.com
Librería virtual: www.tirant.es
DEPÓSITO LEGAL: V-3602-2025
ISBN: 979-13-7010-483-2

Si tiene alguna queja o sugerencia, envíenos un mail a: *atencioncliente@tirant.com*. En caso de no ser atendida su sugerencia, por favor, lea en *www.tirant.net/index.php/empresa/politicas-de-empresa* nuestro procedimiento de quejas.

Responsabilidad Social Corporativa: http://www.tirant.net/Docs/RSCTirant.pdf

Índice

Agradecimientos

Este trabajo ha sido posible gracias a la beca de investigación concedida por las Cortes de Castilla-La Mancha, en virtud del convenio de colaboración con la Universidad de Castilla-La Mancha. Quiero agradecer especialmente la ayuda y paciencia del letrado Roberto Mayor.

También debo agradecer a mis padres, Loli y Julián, por haber despertado en mí la inquietud y curiosidad que ha guiado a este trabajo.

Por último, a mi esposa Encarni, puesto que sin su apoyo y comprensión no hubiera sido posible acabar este estudio, así como a nuestro hijo Alberto, el que indirectamente también ha sufrido la creación de esta obra. A él debo dedicarle unas palabras dado que es el futuro de nuestra región. Pese a que parezca que el mundo se encuentra asolado por la oscuridad, espero que personas como él consigan mediante la lucha, el compromiso y la diplomacia alcanzar la paz. Cuando te sucedan cosas desagradables y el desasosiego te aceche, recuerda que siempre estará cerca de ti tu madre y yo. Como escribió el gran poeta universal, Federico García Lorca a su amor de Albacete, Juan Ramírez de Lucas: "es preciso que vuelvas a sonreír".

Abreviaturas

ARE: Administración Radiodifusora Española.
Art.: Artículo.
BOE: Boletín Oficial del Estado.
CE: Constitución española de 1978.
CMM: Ente Público de Radiotelevisión de Castilla-La Mancha.
DOCM: Diario Oficial de Castilla-La Mancha.
EAV: Ley Orgánica 5/1982, de 1 de julio, de Estatuto de Autonomía de la Comunidad Valenciana.
FJ: Fundamento Jurídico.
LCMM: Ley 3/2000, de 26 de mayo, de Creación del Ente Público de Radiotelevisión de Castilla-La Mancha.
LERT: Ley 4/1980, de 10 de enero, del estatuto de la radio y la televisión.
LPR: Ley 14/1966, de 18 de marzo, de prensa e imprenta.
LRTVE: Ley 17/2006, de 5 de junio, de la radio y la televisión de titularidad estatal.
LTC: Ley 46/1983, de 26 de diciembre, de regulación del tercer canal de televisión.
RAE: Real Academia Española de la Lengua.
RDLE: Real Decreto Ley 24/1977, de 1 de abril, sobre libertad de expresión.
RTVE: Radiotelevisión Española.
STC: Sentencia del Tribunal Constitucional.
STS: Sentencia del Tribunal Supremo.
TC: Tribunal Constitucional.

Capítulo I.

Introducción

1. PLANTEAMIENTO GENERAL

Este trabajo pretende estudiar la evolución de la radio y televisión en Castilla-La Mancha, siendo imprescindible un análisis del derecho a la libertad de información recogido en la Constitución española (en adelante CE). La Real Academia Española de la Lengua (en adelante RAE) define la televisión como "sistema de transmisión de imágenes a distancia, que en la emisora se transforman en ondas electromagnéticas y se recuperan en el aparato receptor[1]". En este mismo sentido, define la radio como "aparato empleado en radiotelegrafía y radiotelefonía para producir y enviar las ondas portadoras de señales[2]". Nos encontramos ante una serie de definiciones asépticas que no recogen y no dan entidad a lo que realmente significan estos medios de comunicación. Sin duda nos encontramos ante unos medios que contribuyen a la formación de opiniones, ideas y opiniones, y, por ende, atendiendo a esta importancia para el desarrollo de una sociedad plural y libre es por lo que serán objeto de regulación, unido a lo limitado del espectro radioeléctrico, que así garantice esa diversidad.

La prensa como medio de comunicación, ha tenido un papel primordial en ámbitos comunicativos, pero debido al uso de las nuevas tecnologías, así como a la limitación de las ayu-

---

1 Véase la web de la RAE: https://dle.rae.es/televisi%C3%B3n?m=form, consultado el 28 de enero de 2025.

2 Véase la web de la RAE: https://dle.rae.es/radiotransmisor?m=form, consultado el 28 de enero de 2025.

das públicas, ha hecho que entrara en declive en favor de los medios audiovisuales, que consiguen con su inmediatez, llegar antes y de forma más efectiva a la sociedad.

Los medios de comunicación ejercen un poder desmesurado en la sociedad actual, convirtiendo sus informaciones y líneas editoriales en verdades innatas que dejan en segundo plano, en muchas ocasiones, a otras opiniones dispares limitando y reduciendo así la calidad democrática que debería ser la piedra angular del sistema audiovisual. Atendiendo a todo lo anterior se pone de manifiesto la importancia de los medios de comunicación públicos para garantizar la pluralidad y calidad informativa además de garantizar el respeto por la igualdad, pluralismos, diversidad lingüística y cultural, eliminación de discriminación, visibilidad de minorías, igualdad de género... Para ello, como se analizará más adelante, es de suma importancia la creación de organismos independientes de control, que los garanticen y salvaguarden.

2. OBJETO DE ESTUDIO Y METODOLOGÍA

El presente estudio ha pretendido englobar en una misma obra la evolución de los medios de comunicación, siendo necesario un acercamiento histórico a las fuentes de derecho, así como un análisis de la doctrina y de la jurisprudencia que llegará hasta nuestros días para explicar cómo se ha desarrollado en nuestro país, y como se consiguió tener un medio audiovisual propio en Castilla-La Mancha.

Para poder llevar a cabo este trabajo se ha utilizado una metodología jurídica, apoyándonos también en otras disciplinas como la histórica, fundamental para llegar al tema central del estudio, así como evidentemente la jurídico- constitucional. Se han analizado los antecedentes históricos de la prensa, radio y televisión hasta nuestros días, y en concreto, la creación del ente público audiovisual en Castilla-La Mancha, para así comprender como ha evolucionado y cómo se ha convertido el derecho a la información en un pilar básico de nuestra democracia.

También se ha realizado un análisis pormenorizado de la doctrina jurisprudencial, así como de multitud de obras bibliográficas, ya sean monografías y revistas, como puede verse en el apartado dedicado a la bibliografía utilizada.

Capítulo II.

Análisis constitucional

1. INTRODUCCIÓN

La dictadura franquista en la que estuvo inmersa España de 1939 a 1975, se identificó por el control pormenorizado de los medios de comunicación bajo un poder centralista caracterizado por el monopolio estatal.

La importancia de los medios de comunicación sociales bajo directrices del Estado se refleja, antes de la aprobación de la Constitución española, a través del Real Decreto 586/1977, de 1 de abril, por el que se desarrolla el Real Decreto-ley 23/1977, de 1 de abril, y se crea la Subsecretaría de Familia, Juventud y Deporte. Mediante esta norma jurídica se procede a reagrupar bajo un mismo órgano supervisor, a televisión, prensa y radio, con la intención de distinguir claramente esta etapa preconstituyente de la dictatorial anterior.

El contenido del Título I de la CE, relativo a los Derechos y Deberes Fundamentales obliga a un análisis sistemático, atendiendo a su interrelación con otros derechos[3]. No debemos obviar que la personalidad no fue, en un primer momento, reconocida como objeto susceptible de derechos, como si sucediese con los derechos naturales tras ser positivizados. Esta doctrina fue seguida por autores como SAVIGNY, teniendo que

3 Véase a JIMÉNEZ DE PARGA, M., "El contenido esencial de los derechos y libertades. Asunción por el legislador constitucional de una norma pre-constitucional", Actualidad Jurídica, nº 4, Barcelona, págs. 29-34.

esperar a finales del Siglo XIX cuando se instauren las premisas para el reconocimiento de derechos asociados a la personalidad de mano de OTTO VON GIERKE[4], quién contribuyera a la consecución de los derechos sociales. Como se analizará, estos derechos se plasmaron en la CE, como consecuencia de la firme voluntad del legislador democrático español de romper con cualquier vínculo con el régimen dictatorial. No olvidemos que esta introducción, como señala GARCÍA HERRERA, es una secuela de las constantes agresiones[5] a las que se había visto sometida la sociedad, y en particular, los derechos de las personas durante ese período, habiéndose percatado la persona, que si es considerada como un ciudadano con pleno uso de derechos y libertades que puede ejercer siendo así parte del nuevo sistema democrático recién instaurado.

Ello tiene su reflejo, en el artículo 18 CE, y muy especialmente en el artículo 20 CE, en concreto en los apartados:

> *3."La ley regulará la organización y el control parlamentario de los medios de comunicación social dependientes del Estado o de cualquier ente público y garantizará el acceso a dichos medios de los grupos sociales y políticos significativos, respetando el pluralismo de la sociedad y de las diversas lenguas de España".*
>
> *5. "Sólo podrá acordarse el secuestro de publicaciones, grabaciones y otros medios de información en virtud de resolución judicial".*

---

4 PÉREZ LUÑO, A., E., *Derechos Humanos, Estado de Derecho y Constitución*, Tecnos, Madrid, 1984, págs. 319-320.

5 GARCÍA HERRERA, M., "Estado democrático y libertad de expresión", Revista de la Facultad de Derecho de la Universidad Complutense, 1981, pág. 169.

2. ORGANIZACIÓN Y CONTROL PARLAMENTARIO DE LOS MEDIOS DE COMUNICACIÓN

El poder constituyente busca romper con el aparato informativo autocrático atendiendo al papel abusivo del Estado en los medios, siendo su reflejo la redacción contenida en el artículo 20.3 CE. Recordemos que el Estado era propietario y gestionaba más de treinta periódicos, la agencia de noticias EFE, radio nacional y radio exterior de España, los dos canales de televisión existentes, entre muchos otros[6]. Debemos destacar la circunstancia que el apartado 3 reseñado se enmarque en el artículo 20 CE, dotándolo de una importancia notable puesto que en los apartados a) y d) del artículo 20 CE se recogen el derecho a la libertad de expresión y de información respectivamente. Sin estos derechos fundamentales no se podrían desarrollar los medios de comunicación de vital importancia para la formación de una opinión pública libre y plural. El legislador tenía claro que debía ser la redacción del artículo 20 CE un punto de inflexión en el que quedara manifiestamente claro que no existía continuidad alguna con cualquier precepto de la dictadura. En ese momento la prensa, y muy especialmente la televisión, tienen un papel principal en la sociedad española.

---

6 Una radio cuya señal llegaba a España, a pesar de las interferencias constantes de la dictadura franquista fue Radio España Independiente (conocida coloquialmente como "La Pirenaica"). Dicho medio de comunicación clandestino contrario al régimen comenzó sui emisión desde Moscú el 22 de julio de 1941. Posteriormente trasladará su sede, ante la cercanía de las tropas nazis a Moscú durante la Segunda Guerra Mundial a la ciudad de Ufá, en la actual República de Baskortostán. Acabaría emitiéndose sus comunicaciones desde Bucarest, ciudad a la que se trasladó en enero de 1955, siendo su última emisión el 14 de julio de 1977 desde Madrid, retransmitiendo la primera sesión de las Cortes que serían las encargadas de elaborar la Constitución de 1978.

En la discusión preconstitucional se preveía[7] que la redacción definitiva del artículo 20.3 CE estuviera recogido en el artículo 19.3 CE, aunque definitivamente quedó encuadrado tal y como está en la actualidad[8]. Debemos destacar en la tramitación parlamentaria las diferentes formulaciones que se le dio a este precepto, sobre todo a través de diversas enmiendas presentadas en el Senado, destacando las del Grupo Progresista y Socialista Independiente, así como la del Grupo Parlamentario de Socialistas del Senado. La primera enmienda propuesta por el primero de los grupos parlamentarios reseñados buscaba la creación de un apartado bis, en el artículo 19 CE que regulara de forma más exhaustiva el control de los medios de comunicación social públicos. Finalmente fue retirada la enmienda en aras de la brevedad y, una vez que constataron que no prevalecerían. Pese a ello, debemos destacar las palabras en sede parlamentaria de Martín-Retortillo Baquer en pro de defender esta adicción al artículo , diciendo así: "proponíamos que se añadiera un párrafo segundo a este nuevo precepto, en el cual se hablaba de un Consejo integrado por 15 miembros, cinco elegidos por el Congreso, cinco elegidos por el Senado -pero con mayoría muy cualificada para evitar partidismos-, dos elegidos por los trabajadores de la Radio y Televisión Española estatal, dos propuestos por el Gobierno y uno más elegido por el Defensor del Pueblo. Se trata de lograr un «status» de independencia, de calidad informativa, pero de alejamiento del Partido en el poder en su momento, en línea, por ejemplo, con lo que ofrece la organización de la BBC u otras modalidades.

[7] Boletín Oficial de las Cortes nº 121, de 1 de julio de 1978. Disponible en: https://www.congreso.es/busqueda-de-publicaciones, consultado el 28 de enero de 2025.

[8] ROSADO IGLESIAS, G., *La televisión pública en España*, Cedecs Editorial, Barcelona, 1999, pág. 89.

Esto era lo más positivo, lo más interesante[9]". Así, se buscaba como indica, que el partido político que gobernara en ese momento no tuviera un poder ilimitado sobre los medios de comunicación públicos para luego evitar esa influencia e injerencia sobre los mismos, que con los años hemos podido ver que se ha producido. Debemos destacar los brillantes discursos parlamentarios llevados a cabo para la redacción de la discusión, lo que se aprecia en los diarios de sesiones de las Cortes Generales.

Si procedemos a un análisis de textos constitucionales de nuestro entorno, no encontramos ningún precepto constitucional similar. La Constitución de la II República de 1931, en su artículo 34 introduce que:

> *"Toda persona tiene derecho a emitir libremente sus ideas y opiniones, valiéndose de cualquier medio de difusión, sin sujetarse a la previa censura.*
>
> *En ningún caso podrá recogerse la edición de libros y periódicos sino en virtud de mandamiento de juez competente. No podrá decretarse la suspensión de ningún periódico, sino por sentencia firme".*

Este antecedente constitucional histórico sería lo más similar a lo que la CE recogió, pero de forma más acotada y limitada. En otro país colindante como es Portugal, debemos acudir a la Constitución de 1976 que determina en su artículo 38 que debe existir un servicio público de radio y televisión, garantizándose así la independencia y el pluralismo[10].

---

9 *Vid.* Boletín Oficial de las Cortes nº 43, Diario de Sesiones del Senado de 24 de agosto de 1978, pág. 1853. Disponible en: https://www.congreso.es/public_oficiales/L0/SEN/DS/S_1978_043.PDF, consultado el 28 de enero de 2025.

10 El artículo 38 de la Constitución portuguesa, entre otros señala su apartado 6º que: "no podrá la televisión ser objeto de propiedad privada".

Tras analizar el apartado 3 del artículo 20 CE nos percatamos que no existe referencia alguna relativa a los medios de comunicación privados, tan solo los públicos al indicar de forma expresa "medios de comunicación social dependientes del Estado o de cualquier ente público". Los apartados a) y d) del artículo 20 CE no son taxativos, sino que indican que se reconoce y protegen los derechos:

a) A expresar y difundir libremente los pensamientos, ideas y opiniones mediante la palabra, el escrito o cualquier otro medio de reproducción.

d) A comunicar o recibir libremente información veraz por cualquier medio de difusión.

Así se permite englobar dentro de los mismos una amplia tipología de medios de comunicación social que ni el propio legislador podría haber imaginado en 1978, mucho más allá de prensa, radio y televisión imperantes y único existentes en esas fechas. Esta indeterminación no ha estado desprovista de problemas jurídicos, sobre todo en el marco competencial. El artículo 149.1. 27ª CE recoge como competencias exclusivas del Estado las "normas básicas del régimen de prensa, radio y televisión y, en general, de todos los medios de comunicación social, sin perjuicio de las facultades que en su desarrollo y ejecución correspondan a las Comunidades Autónomas". Se va más lejos que el artículo 20.1 a) y d), ampliándose e introduciendo la expresión "medios de comunicación social".

El sistema constitucional español establece, en relación con el ámbito competencial, lo que se denominaría, a primera vis-

---

7 La ley establecerá el régimen de los medios de comunicación social, especialmente de los pertenecientes al Estado, mediante un Estatuto de la Información. Texto disponible en: http://roble.pntic.mec.es/jmonte2/ue25/portugal/portugal.pdf, consultado el 28 de enero de 2025.

ta, un sistema germánico o de doble lista, lo que significa que la Constitución española determina:

-en el artículo 148 CE las competencias que pueden ser asumidas por las Comunidades Autónomas,

y

-en el artículo 149 CE las que son competencia exclusiva del Estado.

Tras un análisis pormenorizado del Título VIII, relativo a la "Organización Territorial del Estado", y al Capítulo III, relativo a las Comunidades Autónomas, debemos llegar a la conclusión que realmente estamos ante un sistema de "triple vista". Podemos hacer esta afirmación tras examinar el apartado 3 del artículo 149 CE que recoge:

"Las materias no atribuidas expresamente al Estado por esta Constitución podrán corresponder a las Comunidades Autónomas, en virtud de sus respectivos Estatutos. La competencia sobre las materias que no se hayan asumido por los Estatutos de Autonomía corresponderá al Estado, cuyas normas prevalecerán, en caso de conflicto, sobre las de las Comunidades Autónomas en todo lo que no esté atribuido a la exclusiva competencia de éstas. El derecho estatal será, en todo caso, supletorio del derecho de las Comunidades Autónomas".

Debemos ir más lejos al entender que una materia, no recogida ni por el artículo 148 y 149 CE podrá ser de carácter autonómico. Así nos encontramos ante la posibilidad que las Comunidades Autónomas puedan asumir competencias que no sean en exclusiva del Estado, en virtud de lo que debemos considerar como una cláusula residual. La forma en la que el legislador determina el ámbito competencial puede también inducirnos al error, al estimar que por el simple hecho de no recogerse como competencia exclusiva debe se automáticamente declarada como de carácter autonómico, pero no podemos aceptar esta premisa. Pensemos en una competencia que no está expresamente recogida en el artículo 149.1 CE, considerando el mismo como un numerus apertus, por lo que podrá ser regulada por las Comunidades Autónomas siempre que así lo contemplen sus estatutos autonómicos. En el caso de que una comunidad autónoma no asuma una competencia de forma expresa, no podremos considerar que la ostenta, salvo una delegación o transferencia por parte del Estado. Recordemos que "son los Estatutos de Autonomía las normas llamadas a fijar «las competencias asumidas dentro del marco establecido en la Constitución», articulándose así el sistema competencial mediante la Constitución y los Estatutos, en los que éstos ocupan una posición jerárquicamente subordinada a aquélla[11]".

Dicho esto, y una vez que hemos analizado el marco competencial recogido por la CE, en el ámbito del sector audiovisual, el artículo 149 recoge en el apartado 1. 27ª :

"Normas básicas del régimen de prensa, radio y televisión y, en general, de todos los medios de comunicación social, sin perjuicio de las facultades que en su desarrollo y ejecución correspondan a las Comunidades Autónomas".

Pese a esta contundencia y claridad en la norma que establece el reparto de la potestad de intervención en el marco audiovisual del Estado y Comunidades Autónomas, no ha estado alejado de conflictos, derivado de la importancia que la radio, y muy especialmente, la televisión tiene en la sociedad actual. Son de competencia autonómica: los aspectos de la radiodifusión conectados con las libertades y derechos fundamentales del artículo 20 CE (libertad de comunicación y de expresión), en los que prevalece la consideración de la radio y la televisión como medio de comunicación social, mediante un fenómeno que no es sustancialmente distinto al de la prensa, se encuentra dentro de las competencias de las CC.AA. (STC 168/1993,

11 Artículo 147 CE.

de 27 de mayo). No estarían así, las materias recogidas por el artículo 149.1. 21ª, relativas al régimen general de comunicaciones, telecomunicaciones y radiocomunicaciones, dado que, afectando al limitado espacio radioeléctrico o electromagnético, se encontraría en el marco del dominio público que debe ser regulado por el Estado.

En este sentido, la STC 89/2017, de 4 de julio (TOL6.207.847)[12], determinó el alcance del artículo 149.1. 27ª CE, considerando de forma amplia diversos fenómenos comunicativos y sociales como el cine, teatro, así como las películas de arte, ensayos y aquellas que se orientan "a la promoción y tutela de un bien cultural y, que, en definitiva, se sitúa dentro de uno de los principios proclamados por la C.E. (art. 44.1)[13]", siendo competencia estatal su desarrollo básico[14].

Otra circunstancia importante del artículo 20.3 CE se produce al establecer la posibilidad de la existencia de medios de comunicación social públicos[15], ya sean estatales o de cualquier otro ente, para dar respuesta a la necesidad de recoger la diversidad lingüística de nuestro país, así como garantizar un pluralismo en los medios, como analizaremos más adelante.

En el artículo 20.3 CE se reconoce y exige la obligación legal omnímoda de garantizar el acceso a los medios de los grupos sociales y políticos significativos, respetando el pluralismo de la

---

12 Publicada en el BOE nº 99, de 25 de abril de 1984, disponible en: https://hj.tribunalconstitucional.es/HJ/esES/Resolucion/Show/SENTENCIA/1984/49#complete_resolucion&fundamentos, consultado el 28 de enero de 2025.

13 FJ 4.

14 Otras sentencias también han tratado esta problemática como las SSTC 143/1985, de 24 de octubre y la 153/1985, de 7 de noviembre.

15 *Vid.* PARADA VÁZQUEZ, J.R., y BACIGALUPO, M., "Comentario al art. 20.3" en ALZAGA VILLAAMIL, O. (Dir.), Constitución Española de 1978, Edersa, Madrid, 1997, tomo II, págs. 557 y ss.

sociedad de España. Es una definición imprecisa que hace que surjan dudas acerca del acceso a los medios de comunicación. Esta imprecisión es una característica de la CE que ha sido en innumerables ocasiones completada con la jurisprudencia constitucional, aunque de forma escasa[16].

Así las cosas, el artículo 20.3 CE ha sido perfeccionado de contenido mediante diversas sentencias como la STC 20/2018, de 5 de marzo (TOL8.485.762)[17], fundamentándose esta en multitud de resoluciones judiciales como analizaremos. En esta sentencia se interpone un recurso de amparo que se centra en determinar si unos acuerdos de la Mesa de la Asamblea de Madrid vulneran los derechos de la federación regional de servicios de la Unión General de Trabajadores-Madrid (FES-UGT), a la interdicción de la arbitrariedad de los poderes públicos (art. 9.3 CE), a la igualdad en la aplicación de la ley (art. 14 CE), a acceder a los medios de comunicación social dependientes del Estado o de cualquier ente público (art. 20.3 CE). Se pone de manifiesto, atendiendo al contexto constitucional, la "función parlamentaria, que se incardina, sin lugar a duda, dentro de la función de control parlamentario de los medios de comunicación social, que encuentran reflejo constitucional expreso en el artículo 20.3 CE[18]". Considera el TC que al remitir el artículo 20.3 CE a una regulación legal que desarrolle la intervención directa en los medios de comunicación de titularidad pública (ya sean estatales o autonómicos)

---

16 CARLON RUÍZ, M., "Artículo 20.3, regulación, control y acceso a los medios públicos de comunicación social" en RODRÍGUEZ-PIÑERO y BRAVO FERRER, M., y CASAS BAAMONDE, M. E., (Dirs.), Comentarios a la Constitución Española de 1978, Fundación Wolters Kluwers, Madrid, 2018, tomo I, págs. 633.

17 Publicada en el BOE nº 90, de 13 de abril de 2018, disponible en: https://www.boe.es/boe/dias/2018/04/13/pdfs/BOE-A-2018-5047.pdf, consultado el 28 de enero de 2025.

18 FJ 3.

es porque, "el artículo 20 de la Constitución, en sus distintos apartados, garantiza el mantenimiento de una comunicación pública libre, sin la cual quedarían vaciados de contenido real otros derechos que la Constitución consagra, reducidas a formas hueras las instituciones representativas, y absolutamente falseado el principio de legitimidad democrática que enuncia el artículo 1.2 de la Constitución, y que es la base de toda nuestra ordenación jurídico-política. La preservación de esta comunicación pública libre sin la cual no hay sociedad libre ni, por tanto, soberanía popular, exige la garantía de ciertos derechos fundamentales comunes a todos los ciudadanos, y la interdicción con carácter general de determinadas actuaciones del poder (verbi gratia las prohibidas en los apartados 2 y 5 del mismo art. 20), pero también una especial consideración a los medios que aseguran la comunicación social y, en razón de ello, a quienes profesionalmente los sirven" (STC 6/1981, de 6 de marzo, FJ 3). En esta línea considera que "la lectura armonizada del artículo 1, en sus apartados primero y segundo CE, y del artículo 20.3 CE, permite deducir que el control parlamentario que se exige de los medios de comunicación social dependientes de las administraciones públicas, es un control cualificado sobre un ente público que, no sólo articula un servicio público de interés social manifiesto (SSTC 12/1982, de 31 de marzo, 74/1982, de 7 de diciembre, 35/1983, de 11 de mayo, 206/1990, de 17 de diciembre, 127/1994, de 5 de mayo, y 73/2014, de 8 de mayo), sino que gestiona medios de comunicación que han de ser calificados como vehículo «esencial de información y participación política de los ciudadanos, de formación de la opinión pública, de cooperación con el sistema educativo, de difusión de [sic] cultura española y de sus nacionalidades y regiones, así como medio capital para contribuir a que la libertad y la igualdad sean reales y efectivas» (STC 206/1990, de 17 de diciembre, FJ 6, con cita de la STC 12/1982, de 31 de marzo, FJ 4). Dicho en otros términos, el control parlamentario previsto en el apartado tercero del artículo 20 CE, pone de manifiesto la conexión de la radiotelevisión y de la regulación de la radiodifusión, con los derechos contenidos en el artículo 20 CE, y sitúa al legislador, nacional o autonómico, en la necesidad de articular su función de control parlamentario sobre los medios de comunicación social, sin perder de vista que dicho control tiende a garantizar el mejor ejercicio de derechos fundamentales que son básicos, entre otras cosas, para garantizar una institución fundamental, como es la opinión pública libre". Estima el TC que el artículo 20.3 CE, donde se establece que la ley garantizará el acceso a los medios de comunicación social dependientes, en este caso de la Comunidad Autónoma, de los grupos sociales y políticos significativos, respetando el pluralismo de la sociedad y de las diversas lenguas de España, pero no omite el deber inexcusable de fundamentar cualquier acto parlamentario que afecte el acceso a los medios de comunicación públicos, puesto que tendrá efectos ad extra. Así se pronunció la STC 206/1992, de 27 de noviembre, que reconoció la existencia de acuerdos parlamentarios que podrían tener una repercusión externa «pudiendo concretamente afectar a los derechos fundamentales de otros ciudadanos, que nuestra Constitución declara 'fundamento del orden político y de la paz social' (art. 10.1 CE). Esa falta de motivación podría derivar en una vulneración del artículo 14 CE, en relación con el artículo 20.3 CE al limitar el acceso de la ciudadanía en condiciones de igualdad a los medios de comunicación públicos, siempre y cuando esas resoluciones no se encontraran correctamente fundamentadas. De esta observancia constitucional se derivan dos efectos: "que el derecho de acceso a los medios públicos de comunicación social es un derecho de configuración legal cuyos titulares sólo podrán ejercer de conformidad con lo establecido en las leyes y, correlativamente, que los poderes públicos (incluidas las asambleas legislativas), deberán garantizar la efectividad del ejercicio de este, mediante un estricto respeto a lo establecido en la normativa reguladora[19]".

La doctrina constitucional considera que la denegación discriminatoria, o arbitraria por carente de fundamento legal, del acceso que la Ley haga posible, entrañará el consiguiente menoscabo del derecho del grupo así afectado –de quienes a su través pretendan difundir las propias ideas y opiniones– a la libertad que la Constitución garantiza. Sigue para ello la línea establecida por la STC 63/1987, de 20 de mayo (TOL79.772)[20], que considera al artículo 20.1 a) de la Constitución como un derecho de libertad que no exige, con carácter general, sino la abstención, la ausencia de trabas o impedimentos para su ejercicio, por parte de los poderes públicos (STC 77/1982, de 20 de diciembre), no es menos cierto que, en determinados casos, será necesaria la actuación positiva de los poderes públicos -del Legislador, específicamente- para la ordenación de los «medios» que sirvan de soporte a la expresión y difusión de ideas u opiniones. Unido el artículo 20.1.a) con el artículo 20.3 CE llega a la determinación que no debe existir un sector público en el ámbito de la comunicación (STC 86/1982, de 23 de diciembre), "pero sí se impone, contemplándose tal posibilidad, la exigencia que acaba de recordarse en orden al respeto al pluralismo social y político en el acceso a estos medios, con la consecuencia de que, existente el medio de titularidad pública y reglado su modo de utilización, habrá de reconocerse a los grupos sociales y políticos «significativos» a los que alude el precepto constitucional el derecho, cuando menos, a que no se les impida dicho acceso (STC 6/1981, de 16 de marzo). Este derecho de acceso, en otras palabras, será en cada caso

---

19 FJ 6.

20 Publicada en el BOE nº 134, de 5 de junio de 1987, disponible en: https://hj.tribunalconstitucional.es/es/Resolucion/Show/795, consultado el 28 de enero de 2025.

articulado por el Legislador, pero ni éste queda libre de todo limite constitucional en dicha configuración, ni la eventual vulneración de sus determinaciones por los aplicadores del Derecho podrá decirse constitucionalmente irrelevante en orden al ejercicio eficaz de las libertades consagradas en el art. 20, pues estas libertades habrán de realizarse a través de estos medios, del modo que quiere la Constitución en el apartado 3 del mismo precepto, de tal modo que la denegación discriminatoria, o arbitraria por carente de fundamento legal, del acceso que la Ley haga posible, entrañará el consiguiente menoscabo del derecho del grupo así afectado -de quienes a su través pretendan difundir las propias ideas y opiniones- a la libertad que la Constitución garantiza [art. 20.1 a)[21]". Estamos ante un artículo 20 CE que recoge lo que en palabras del TC son derechos de libertad y no derechos prestacionales que conllevarían la obligación del Estado y del resto de las administraciones públicas de mantener y financiar a los medios de comunicación sociales de forma directa a su cargo.

Otra cuestión controvertida ha sido el ámbito de aplicación del artículo 20.3 CE cuando habla de "medios de comunicación social dependientes del Estado o de cualquier ente público". Nos encontramos ante un concepto indeterminado pero que según ha establecido la jurisprudencia indirectamente (como hemos analizado), siendo un derecho de libertad negativo conlleva que no exista obligación alguna del Estado o de cualquier otro ente público de mantener económicamente a cualquier medio de comunicación social público con cargo al heraldo público, tan solo de garantizar la pluralidad y el acceso como recoge el apartado 3 del artículo 20 CE. Esta cuestión ha sido controvertida y no ha estado alejada de discusión jurisprudencial debido al cierre de diversos medios de comunicación audiovisuales dependiente de las comunidades autónomas. Es-

21 FJ 6.

tas situaciones se produjeron a raíz de la crisis económica de la primera década del siglo XX, cuando varios medios de comunicación públicos procedieron al despido de la gran mayoría de sus trabajadores, y en algunos casos, hasta su total cierre.

2.1. Caso de la radiotelevisión pública valenciana

En 2014, contra la radio televisión pública dependiente del gobierno autonómico de la Comunidad Valenciana se interpuso una demanda contra el despido colectivo que habían sufrido los trabajadores de los medios de comunicación públicos valencianos, siendo declarados nulos por el Tribunal Superior de Justicia de la Comunidad Valenciana[22]. La sentencia conllevó que el gobierno autonómico tuviera que readmitir a los trabajadores con las inherentes consecuencias económicas. Así las cosas, se procedió mediante la Ley 4/2013, de 27 de noviembre, de Supresión de la Prestación de los Servicios de Radiodifusión y Televisión de Ámbito Autonómico, de Titularidad de la Generalitat, así como de Disolución y Liquidación de Radiotelevisión Valenciana, SAU[23], que entró en vigor al día siguiente de su publicación. Esta norma suprimió el servicio público autonómico de radio y televisión en la Comunidad Valenciana. Establecía en su artículo 1 y 2 que tenía por finalidad suprimir el servicio público de radiodifusión y televisión autonómico, procediéndose económicamente a su disolución y liquidación. Más de cincuenta diputados autonómicos del grupo socialista presentaron un recurso de inconstitucionalidad frente a la Ley 4/2013, de 27 de noviembre, de la Generalitat, de supresión de la prestación de los servicios de radiodifusión y televisión de

---

22 Sentencia n° 2338/2013, de 4 de noviembre de 2013.

23 Publicada en el BOE n° 293, de 7 de diciembre de 2013. Disponible en: https://www.boe.es/eli/es-vc/l/2013/11/27/4, consultado el 28 de enero de 2025.

ámbito autonómico, de titularidad de la Generalitat, así como de disolución y liquidación de Radiotelevisión Valenciana, SAU, pronunciándose el Tribunal Constitucional a través de la sentencia nº 153/2016, 22 de septiembre (TOL5.899.340)[24].

Sostienen los recurrentes que la Ley 4/2013, de 27 de noviembre, de la Generalitat, vulnera los artículos 20.3 y 23.2 CE por hurtar el derecho a la regulación por ley de la organización y el control parlamentario de los medios de comunicación social dependientes del Estado o de cualquier ente público y el derecho de los ciudadanos a la participación en los asuntos públicos, directamente o por medio de representantes. En este sentido, alegan que con el cierre, disolución, liquidación y extinción de la radio y televisión pública valenciana supone cercenar las libertades y derechos a los ciudadanos de la Comunidad Valenciana a expresarse y a recibir unos contenidos y unas informaciones sobre su propia realidad socio cultural y lingüística. Hacen hincapié en el hecho que, en el ámbito audiovisual, no están cubiertas por ningún otro medio público estas necesidades informativas. Interpretan para su alegato el artículo 20.3 CE, indicando el perjuicio que supone el no garantizar el pluralismo y la diversidad lingüística de la que son titulares, "hurtando unas libertades y derechos de los ciudadanos de la Comunidad Valenciana a disfrutar de un servicio público esencial que estaban utilizando desde hacía 24 años[25]". Se defiende que la Ley 4/2013, de 27 de noviembre, vulnera derecho a expresarse y recibir información y contenidos audiovisuales en la lengua propia de los ciudadanos de la Comunidad Valenciana. Los artículos 4.3 y 5.1 de la Ley 7/2010, general de comunicación audiovisual, establece en su artículo 4.3 que

---

24 Publicada en el BOE nº 263, de 31 de octubre de 2016. Disponible en: https://www.boe.es/boe/dias/2016/10/31/pdfs/BOE-A-2016-10017.pdf, consultado el 28 de enero de 2025.

25 Apartado c) del Antecedente 3º.

"los operadores de servicios de comunicación audiovisual promoverán el conocimiento y la difusión de las lenguas oficiales del Estado y de sus expresiones culturales. En este sentido, los operadores de titularidad pública contribuirán a la promoción de la industria cultural, en especial a la de creaciones audiovisuales vinculadas a las distintas lenguas y culturas existentes en el Estado" y en el artículo 5.1. contempla dentro del derecho a la diversidad cultural y lingüística que "todas las personas tienen el derecho a que la comunicación audiovisual incluya una programación en abierto que refleje la diversidad cultural y lingüística de la ciudadanía".

Los recurrentes estiman importante el incumplimiento de la normativa nacional, así como la inobservancia de las normas internacionales, en concreto de la Carta europea de las lenguas minoritarias o regionales, firmada en Estrasburgo el 5 de noviembre de 1992 por los Estados miembros del Consejo de Europa y ratificada por España el 9 de abril de 2001[26]. Los artículos 2 y 11 de la citada norma europea de las lenguas minoritarias o regionales, y los compromisos contraídos por España, establece que los países firmantes se comprometen a crear o mantener medios de comunicación para los hablantes de lenguas regionales o minoritarias, en los territorios en que se hablen dichas lenguas, según sea la situación de cada una de ellas, y en la medida en que las autoridades públicas, de manera directa o indirecta, tengan competencias en dicho ámbito, respetando al propio tiempo los principios de independencia y de autonomía de los medios de comunicación. En esta línea argumentan los demandantes que consideran que, con la Ley 4/2013, de 27 de noviembre, que decreta el cierre de la radio y televisión pública valenciana, se está renunciando a la prestación del servicio público de radio y televisión en la lengua minoritaria, sin prever, contemplar, ni regular de qué manera se van a cubrir los dere-

---

[26] Publicada en el BOE nº de 15 de septiembre de 2001.

chos a estos ciudadanos que, conforme a los compromisos internacionales contraídos por España, tienen derecho a disfrutarlos, incumpliéndose así la normativa internacional e incurriendo en una quiebra de los derechos lingüísticos de las minorías, con una clara vulneración de los mandatos constitucionales, y que debe reconocer el Tribunal Constitucional, declarando inconstitucional la Ley 4/2013, de 27 de noviembre.

Admitido el recurso de inconstitucionalidad nº 1067/2014, el Tribunal Constitucional emplazó a las Cortes autonómicas valencianas, las cuales, personadas a través de su abogacía formulan una serie de alegaciones al recurso planteado. De inicio, parte de que la Ley 4/2013, de 27 de noviembre, de la Generalitat, es conforme a los artículos 9.3 y 23.2 de la Constitución. Así, por añadidura indica que la Ley 1/2006, del sector audiovisual valenciano[27] establece un marco normativo en el que se asegura la garantía del pluralismo, pero, además, la misma contempla un título específico al fomento de la actividad audiovisual, dentro de los que incluye un capítulo referido a la programación televisiva. Con la Ley 4/2013 no desaparece el marco normativo, legal y reglamentario, que permite que, en el ámbito de la Comunidad Valenciana, exista el pluralismo en el sector audiovisual, sin injerencias, como reclama la sentencia, de las autoridades autonómicas. La habilitación legal se encuentra en la legislación general del sector audiovisual. Otro de los argumentos defendido por las recurrentes es refutado por la abogacía de las Cortes indicando que el Estatuto de Autonomía para la Comunidad Valenciana (en adelante EAV) garantiza el derecho a expresar y recibir información y contenidos audiovisuales en lengua propia de los ciudadanos. El artículo 56 EAV, dentro del marco del artículo 149.1.27 CE, encontró desarrollo en la Ley

27 Publicada en el BOE nº 135, de 7 de junio de 2006. Disponible en: https://www.boe.es/eli/es-vc/l/2006/04/19/1, consultado el 28 de enero de 2025.

3/2012, norma que sustituía a la Ley 7/1984. El mandato que establece el precepto estatutario es que la Generalitat "podrá regular, crear y mantener televisión, radio y demás medios de comunicación social, de carácter público, para el cumplimiento de sus fines". El artículo 56 EAV es una habilitación para que, por parte de la Generalitat, dentro de la legislación básica, se pueda crear y mantener una televisión, radio o cualquier otro medio de comunicación público. No hay un mandato a los poderes públicos de la Generalitat para que establezcan o mantengan unos medios de comunicación. Estamos ante una situación controvertida, que atendiendo a los motivos de defensa empleados por la abogacía de las Cortes valencianas, abre una cuestión controvertida hasta nuestros días. La cuestión que se nos suscita es conocer si existe una obligación legal de crear y mantener económica cualquier medio de comunicación público. Concluye que no sería necesario, puesto que el mandato legal no lo obliga de norma expresa y, además, a mayor abundamiento, "las medidas de fomento, apoyo, y facilitación a las que se hace referencia no comportan el mantenimiento de unos medios de comunicación, televisión y radio que dependan directamente de la Generalitat, sino el compromiso de adoptar medidas fomento, apoyo y asistencia para los fines que se indican, que se desarrollan por medios distintos[28]".

El recurso gira sobre la Ley 4/2013, de 27 de noviembre, de la Generalitat, de supresión de la prestación de los servicios de radiodifusión y televisión de ámbito autonómico, de titularidad de la Generalitat, así como de disolución y liquidación de Radiotelevisión Valenciana, SAU. Con posterioridad a la interposición del recurso de inconstitucionalidad se dictó la Ley 5/2015, de 2 de abril, de la Generalitat, del servicio público de radiotelevisión valenciana que tenía por objeto sentar los principios generales para la puesta en funcionamiento de

---

28 Apartado e) del Antecedente 12º.

medios de comunicación audiovisual públicos. La Ley 5/2015, de 2 de abril, no restablecía el servicio público de radiotelevisión, ni tampoco era derogada la Ley 4/2013, de 27 de noviembre, pero dejaba la posibilidad de un restablecimiento para volver a instaurar medios de comunicación audiovisuales de titularidad pública, siempre que fuese factible. Las Cortes valencianas aprobaron posteriormente la Ley 12/2015, de 29 de diciembre, para la recuperación del servicio público de radiodifusión y televisión de ámbito autonómico, de titularidad de la Generalitat[29], cuyo objeto era "fijar las condiciones para el restablecimiento de la prestación de los servicios de radiodifusión y televisión de ámbito autonómico[30]". Las disposiciones derogatorias primera y segunda derogan la Ley 5/2015, de 2 de abril, de la Generalitat, del servicio público de Radiotelevisión Valenciana y el artículo 2 de la Ley 4/2013, de 27 de noviembre, de la Generalitat, de supresión de la prestación de los servicios de radiodifusión y televisión de ámbito autonómico, de titularidad de la Generalitat, así como de disolución y liquidación de Radiotelevisión Valenciana, SAU y cualquier otro mandato de esta ley que se opusiera a lo establecido en la presente Ley 12/2015, de 29 de diciembre. Posteriormente, es aprobada la Ley 6/2016, de 15 de julio, de la Generalitat, del servicio público de radiodifusión y televisión de ámbito autonómico, de titularidad de la Generalitat, cuyo objeto es "regular la prestación del servicio público audiovisual de titularidad de la Generalitat, así como establecer el régimen jurídico de las entidades a las que se encomienda la gestión directa de este servicio público, de acuerdo con lo establecido en el artículo

---

29 Publicada en el BOE nº 35, de 10 de febrero de 2016. Disponible en: https://www.boe.es/buscar/pdf/2016/BOE-A-2016-1272-consolidado.pdf, consultado el 28 de enero de 2025.

30 Artículo 1.

56 del Estatuto de autonomía de la Comunidad Valenciana, y regular su control parlamentario[31]".

Finalmente, el Tribunal Constitucional desestimó principalmente el recurso por pérdida parcial sobrevenida del objeto del proceso en el ámbito de los recursos de inconstitucionalidad. Ello, como consecuencia de que todas estas leyes analizadas en el párrafo anterior conducen a que el objeto de la controversia, que era la supresión del servicio público de radio televisión por la Ley 4/2013, de 27 de noviembre, núcleo central del recurso, había desaparecido. Tampoco fueron estimadas las alegaciones relativas a supuestos vicios en el proceso legislativo.

Una vez analizados todos los argumentos esgrimidos por las partes y que conducen a la STC nº 153/2016, 22 de septiembre (TOL5.899.340), consideramos que la CE refleja una realidad como era la existencia de medios de comunicación social públicos dependientes del Estado, pero no la obligatoriedad de su mantenimiento, dado no estamos ante un servicio público de obligada prestación por parte de los poderes públicos. La Ley 7/2010, de 31 de marzo, general de la comunicación audiovisual, establece en su artículo 40.2 que "el Estado, las Comunidades Autónomas y las Entidades Locales podrán acordar la prestación del servicio público de comunicación audiovisual con objeto de emitir en abierto canales generalistas o temáticos". De hecho, el artículo 56.2 EAV recoge que "la Generalitat podrá regular, crear y mantener televisión, radio y demás medios de comunicación social, de carácter público, para el cumplimiento de sus fines". No olvidemos que tanto su creación como en su caso, su extinción, obedece a criterios de oportunidad, basados en fundamentos políticos en un determinado momento. De todo lo anterior se concluye que no por disfrutar una comunidad autónoma una determinada lengua oficial,

---

31 Artículo 2.

surge la obligación de disponer de un medio de comunicación social público dentro de su respectivo territorio.

2.2. Caso de Telemadrid

La Comunidad de Madrid cuenta con un ente audiovisual de radio y televisión públicos[32]. Como sucedería con el ente público audiovisual valenciano, se produjo un descenso considerable de sus ingresos, provenientes en su gran mayoría de fondos públicos. A finales de noviembre de 2012 la plantilla del Ente y sus sociedades Dependientes (Telemadrid y Radio Autonomía Madrid) estaba compuesta por 1161 trabajadores de los cuales 193 tienen un contrato temporal. El presupuesto previsto para 2012 era de 169 millones de euros[33], pero el Plan económico Financiero 2012-2014 que aprobó la Comunidad de Madrid, y establecía como propuestas, medidas de austeridad aplicables al sector público de dicha Comunidad, redujo en un 5% las aportaciones a los Entes y Empresas del Sector Público de la Comunidad de Madrid, excepto los Entes Públicos Hospitalarios, concretándose esta medida en una reducción presupuestaria que se reflejó en la Ley 7/2012, de 26 de diciembre, de Presupuestos de la Comunidad de Madrid, para el año 2013, asignando al ente público audiovisual madrileño la cantidad de 70.974.600 euros. Ante esta drástica reducción en sus presupuestos, el ente público inició los trámites opor-

---

32 La Ley 13/1984, de 30 de junio, de creación, organización y control parlamentario del ente público de Radiotelevisión Madrid, creó el Ente Público Radio Televisión Madrid para la gestión del servicio público de radiodifusión y televisión en la Comunidad de Madrid. Actualmente es la Ley 8/2015, de 28 de diciembre, de Radio Televisión Madrid la que regula el sector audiovisual público en la Comunidad de Madrid.

33 Véase la web: https://www.europapress.es/madrid/noticia-telemadrid-aumenta-presupuesto-gastos-2012-casi-20111028135649.html, consultado el 28 de enero de 2025.

tunos el 5 de diciembre de 2012, que concluyó con el despido colectivo de 925 trabajadores.

La Sala de lo Social del Tribunal Superior de Justicia de Madrid, dictó sentencia de 9 de abril de 2013[34], por la que se declaraba nulo el despido colectivo. Dicha sentencia fue recurrida por las representaciones procesales, tanto del ente público como de los sindicatos de trabajadores personados en el procedimiento, dictándose la STS, de 26 de marzo de 2014 (TOL4.354.805)[35]. Esta resolución confirma la sentencia de instancia, destacando el argumento del Alto tribunal por el que "una situación económica de pérdidas no equivale a una situación económica negativa[36]". Considera que existe una falta de proporcionalidad de la medida, en función del extenso número de contratos al que afectaba y de que, casualmente se excluía de esa media de resolución contractual a los contratos con más alta incidencia en los gastos de personal. En esta misma línea argumental, aducía que no era suficiente para justificar el despido la reducción presupuestaria de entre un 5% y un 10 %. Por ello, se declara no ajustado a derecho el despido colectivo.

Si bien es cierto que el caso de la radiotelevisión pública madrileña se asemejaba mucho al de la valenciana, no lo es menos que el déficit de una y otra era muy distinto, siendo el de la primera de varios centenares de millones de euros, y superando la otra el millar. El supuesto se asimilaba en la amenaza del presidente del gobierno regional[37] por aquel entonces, en relación

---

34 Recurso nº 158/2013.

35 Sentencia disponible en: https://www.poderjudicial.es/cgpj/es/Poder_Judicial/Tribunal_Supremo/Noticias_Judiciales/_El_TS_declara_improcedente_el_ERE_de_Telemadrid, consultado el 28 de enero de 2025.

36 FJ 5.

37 Ignacio González fue presidente del gobierno autonómico madrileño de 2012 a 2015. Antes de dictarse la sentencia analizada manifestó que

con el cierre del ente público de radio televisión madrileño para el caso de que el expediente de regulación de empleo fuera declarado nulo, como finalmente sucedió, siendo ratificado por el Tribunal Supremo. Por suerte para el ente público esta medida de presión no se llegó a materializar, y una década después de estos hechos parece que nuevamente la radio y televisión pública madrileñas vuelven a su esplendor de antaño.

3. PROHIBICIÓN DE CENSURA PREVIA EN LOS MEDIOS DE INFORMACIÓN

El apartado 5 del artículo 20 CE prohíbe de forma expresa cualquier tipo de censura previa o secuestro de publicaciones sin autorización judicial. Estamos ante un derecho clave en cualquier sistema democrático que llegará a condicionar a los medios de comunicación social, en caso de ser usado sin control jurisdiccional alguno.

El que fuera presidente del gobierno, Adolfo Suárez, consideró este apartado fundamental para garantizar la libertad de expresión y de información, siendo un mecanismo necesario e indispensable para avanzar en la transición democrática. Así, durante su presidencia se aprobó el Real Decreto Ley 24/1977, de 1 de abril, sobre libertad de expresión[38] (en adelante RDLE) que supuso la ruptura con el régimen dictatorial, demostrando así la distancia del presidente Suárez con los resquicios franquistas. Este RDLE supuso el inicio de la prevalencia del derecho a la libertad de expresión y de información sobre cualquier conducta o acción limitativa de estos. Para ello, se elimina cualquier tipo

---

cerraría el ente público si la justicia daba "la razón a los despedidos en el ERE". Véase en: https://elpais.com/ccaa/2013/02/27/madrid/1361965338_471615.html, consultado el 28 de enero de 2025.

38 Publicada en el BOE de 12 de abril de 1977.

de discrecionalidad o límite de la Administración frente a estos derechos, indicando de forma expresa que será la jurisdicción ordinaria la que deberá llevar a cabo cualquier limitación. Se establece que la libertad de expresión y el derecho a la difusión de informaciones a través de medios impresos gráficos o sonoros, no tendrá más limitaciones que las establecidas por el ordenamiento jurídico con carácter general[39]. Además de regular las injurias y calumnias cometidas con publicidad, destaca la notable importancia que otorga el RDLE a la comisión de delitos de injurias y calumnias en período de campaña electoral y con motivo u ocasión de ella, buscando como finalidad primordial la de proteger los periodos electorales libres e igualitarios[40], después de décadas sin celebrarse elecciones libres.

La censura previa[41], recogida por el artículo 20.2 CE es sin duda uno de los mayores peligros ante los que se puede enfrentar el sistema democrático, y que afectará a la libertad de expresión y de información[42] de manera directa. Podemos definirla, como se recoge en la STC 187/1999, de 25 de octubre (TOL81.227), como "cualquier medida limitativa de la elaboración o difusión de una obra del espíritu que consista en el sometimiento a un previo examen por un poder público del contenido de la misma cuya finalidad sea la de enjuiciar la obra en cuestión con arreglo a unos valores abstractos y restrictivos de la libertad, de manera tal que se otorgue el plácet a la publicación de la obra que se acomode a ellos a juicio del censor

---

39 Artículo 1 del Real Decreto Ley 24/1977, de 1 de abril, sobre libertad de expresión.

40 Artículo 5 del Real Decreto Ley 24/1977, de 1 de abril, sobre libertad de expresión.

41 *Vid.* GUICHOT, E., *Derecho de la Comunicación*, Iustel, Madrid, 2015, pág.40 y ss.

42 *Vid.* CARRILLO, M., *Los límites a la libertad de prensa en la Constitución española de 1978*, Promociones Publicaciones Universitarias, 1987, pág. 63 y ss.

y se le niegue en caso contrario. Y precisamente por lo tajante de la expresión empleada por la Constitución para prohibir estas medidas, debe alcanzar la interdicción a todas las modalidades de posible censura previa, aun los más «débiles y sutiles», que tengan por efecto, no sólo el impedimento o prohibición, sino la simple restricción de los derechos de su art. 20.1 (SSTC 77/1982, 52/1983, 13/1985, 52/1995, 176/1995)[43]". Como señala esta sentencia, no es un fenómeno nuevo de las dictaduras del siglo XX, sino que históricamente los derechos a la libertad de expresión y de información han sufrido el menoscabo de sus objetos y fundamentos, a través de la censura previa. "En España, inicia esta andadura de libertad vigilada la pragmática de los Reyes Católicos de 8 de julio de 1502, seguida por otras muchas a lo largo de tres siglos que se recogerán a principios del XIX en la Novísima Recopilación. Dentro de tal contexto histórico se explica que, poco después, la Constitución de 1812 proclamara, como reacción obligada, la libertad «de escribir, imprimir y publicar... sin necesidad de licencia, revisión o aprobación alguna anterior a la publicación» (art. 371), interdicción que reproducen cuantas la siguieron en ese siglo y en el actual e inspira el contenido de la nunca derogada Ley de policía de imprenta de 26 de julio de 1883[44]".

El artículo 20.2 CE es uno de los más taxativos y concretos de toda la Constitución, que manifiesta de manera contundente la prohibición de cualquier tipo de censura previa[45], pero permitiendo el apartado 5 del artículo 20 CE "el secuestro de publicaciones, grabaciones y otros medios de información en

43 FJ 5.

44 FJ 4.

45 No debe confundirse la censura previa con otro término muy similar, pero de contenido totalmente distinto como el de la autocensura, siendo esta la potestad de control y vigilancia que tienen los editores sobre sus contenidos.

virtud de resolución judicial". El secuestro de las publicaciones se ha definido, en términos de la STC 34/2010, de 19 de julio (TOL1.917.628)[46], como "puesta a disposición del órgano judicial que lo ha acordado del soporte material, sea éste un impreso, publicación, grabación o cualquier otro medio de difusión de mensajes". La autorización que recoge la CE permite el secuestro en sentido estricto, como el que acabamos de señalar. De igual forma, se autoriza así la adopción de medidas cautelares que impliquen la interdicción de difusión pública de una obra, destinada a asegurar la eficacia de la protección judicial de los derechos fundamentales "y otros bienes o valores jurídicos constitucionalmente protegidos, a «medidas de urgencia diferentes del secuestro que bien pudieran responder a una finalidad diversa, como sería la preservación de aquéllos frente al riesgo de sufrir daños inminentes e irreparables» (STC 187/1999, de 25 de octubre)[47]".

Así, será la autoridad judicial la que determine y esté constitucionalmente legitimada para que se puede llevar a cabo este secuestro. No puedo obviarse que antes de la aprobación de la CE, la censura previa y el secuestro de grabaciones e informaciones era ejercido por lo que se conocía como "censura gubernativa", ya fuese llevada a cabo por la autoridad administrativa o gubernativa. Excepcionalmente, y en aplicación del artículo 55.1 CE podrá llevarse a cabo el control de las comunicaciones para el supuesto de la declaración del estado de excepción o de sitio.

En este sentido, y ante la afectación tan importante que conllevaría aplicar estas medidas sobre derechos fundamentales, tales como el de la libertad de expresión y de comunicación, el sistema jurídico debe garantizar la salvaguarda de estos derechos,

---

46 Publicada en el BOE nº 192, de 9 de agosto de 2010. Disponible en https://www.boe.es/buscar/doc.php?id=BOE-A-2010-12878, consultado el 28 de enero de 2025.

47 TOL81.227.

obligando al juzgador a que garantice, con una serie de cautelas y requisitos sus decisiones. No estamos ante un poder ilimitado de los jueces que conlleve a hacer uso de su jurisdicción para adoptar medidas, sino que están sometido al imperio de la ley, y por ende, precisarán de una norma jurídica que habilite para adoptar una tan severa medida. Así, el TC determina que "no cabe inducir de la letra del art. 20.5 C.E. un apoderamiento genérico a los Jueces y Tribunales para acordar secuestros o medidas equivalentes, como la enjuiciada, limitando el libre ejercicio de la libertad de expresión y el derecho a informar y a ser informado sin que, por otra parte, su pleno sometimiento al imperio de la Ley les permita actuar extramuros de ella, praeter legem, siempre a instancia de parte y nunca por iniciativa propia, ex officio» (STC 187/1999, de 25 de octubre, FJ 6). Estas medidas, ya sea el secuestro judicial de los soportes del mensaje u otras, por razones de urgencia, sólo podrán adoptarse en el curso de un proceso judicial en el que se pretendan hacer valer o defender, precisamente, los derechos y bienes jurídicos que sean límite de tales libertades, proceso que es el cauce formal inexcusable para la prestación de la tutela a la que está abocada la función jurisdiccional y donde ha de recaer la adecuada resolución judicial motivada, que deberá estribar la medida en la protección de tales derechos y bienes jurídicos, con severa observancia tanto de las garantías formales como de las pautas propias del principio de proporcionalidad exigibles en toda aplicación de medidas restrictivas de los derechos fundamentales (STC 62/1982, 13/1985, 151/1997, 175/1997, 200/1997, 177/1998, 18/1999)» (STC 187/1999, de 25 de octubre, FJ 6)[48]".

---

48 FJ 4.

Capítulo III.

La radio y televisión en Castilla-La Mancha

1. INTRODUCCIÓN

La primera regulación de las televisiones autonómicas, se remonta a la Ley 4/1980, de 10 de enero, de Estatuto de la Radio y la Televisión, la cual otorgaba al gobierno estatal la posibilidad de conceder a las Comunidades Autónomas, la gestión directa de una canal de televisión que se crease para el ámbito territorial de una Comunidad Autónoma[49].

Posteriormente, será la Ley 46/1983, de 26 de diciembre, reguladora del tercer canal de televisión la que permita materializar que las Comunidades Autónomas puedan tener un canal propio de televisión llevando a cabo su gestión, siempre que existiera una autorización de las Cortes, así como una norma jurídica autonómica sobre la organización y el control parlamentario del canal de televisión cuya instauración se pretendiese[50] .

Esta cuestión ha sido objeto de multitud de conflictos[51] competenciales entre el gobierno y las comunidades autóno-

---

49 El artículo 2.2 contemplaba esta posibilidad, que como ya vimos, debía ir acompañada de una autorización previa de las Cortes.

50 Lo habitual será que se lleve a cabo en los Estatutos de Autonomía, y, más excepcionalmente, a través de normas de desarrollo.

51 *Vid.* BALAGUER CALLEJÓN., M.L., *Derecho de la información y de la comunicación,* Tecnos, Madrid, 2016, págs. 35 y ss.

mas, dado que como ya analizamos en el capítulo II, las competencias fijadas por el artículo 149.1, apartados 21 y 27 CE, dio lugar a diversas interpretaciones unificadas por el Tribunal Constitucional a través del canon de constitucionalidad, entre otras muchas, de modo ejemplar por la sentencia nº 78/2017, de 17 de junio (TOL6.207.840)[52]. Recordemos que el primer apartado otorga la competencia exclusiva al Estado respecto del "régimen general de comunicaciones", y el segundo apartado se abre la posibilidad a que las Comunidades Autónomas puedan desarrollar y ejecutar competencias relativas a las telecomunicaciones. Como señala la sentencia, el título competencial del artículo 149.1.21 CE puede entenderse como muy expansivo, en comparación con el apartado 149.1.27 CE, lo que conllevaría a una inexcusable exclusión de las competencias autonómicas sobre radio y televisión, debiendo ser interpretada aquella regla de deslinde restrictivamente[53]. Establece el Tribunal Constitucional a modo de síntesis que *"se constata así que ambos títulos competenciales se limitan entre sí impidiendo su mutuo vaciamiento de modo que corresponde al Estado ex artículo 149.1.21 CE la regulación de los extremos técnicos del soporte o instrumento del cual la radio y la televisión se sirven –las ondas radioeléctricas o electromagnéticas (como recuerda la STC 180/2000, de 29 de junio, FJ 12)–, ordenando así el dominio público radioeléctrico mientras que el artículo 149.1.27 CE permite la articulación de un régimen de competencias compartidas entre el Estado y la Comunidad Autónoma según el cual corresponde al Estado dictar las normas básicas, asumiendo la Comunidad Autónoma competencias de desarrollo legislativo que en todo caso habrá de respetar aquella normativa básica, una potestad reglamentaria igualmente de desarrollo, y, finalmente, la función eje-*

[52] Publicada en el BOE nº 171, de 19 de julio de 2017.

[53] SSTC 168/1993, FJ 4; 244/1993, FJ 2; 5/2012, FJ 5, y 235/2012, FJ 6.

cutiva correspondiente a la materia (STC 26/1982, de 24 de mayo, FJ 2)» (STC 244/1993, FJ 2)[54]".

2. SERVICIOS DE COMUNICACIÓN AUDIOVISUAL EN CASTILLA-LA MANCHA

La L.O. 9/1982, de 10 de agosto, de Estatuto de Autonomía de Castilla-La Mancha[55] permite el autogobierno de la región supeditado a la Constitución. Será la Junta de Comunidades de Castilla-La Mancha la institución que organiza política y jurídicamente el autogobierno de la región, encontrándose entre sus obligaciones, dentro de su potestad, alcanzar entre otros objetivos[56]:

> "El acceso de todos los ciudadanos de la región a los niveles educativos y culturales que les permitan su realización cultural y social.
>
> ...
>
> La realización de un eficaz sistema de comunicaciones que potencie los intercambios humanos, culturales y económicos entre todos los ciudadanos de la región[57]".

De esta redacción queda clara la necesaria importancia de los medios de comunicación social para el desarrollo de la sociedad castellano manchega. El gobierno regional tenía claro que debía hacer un esfuerzo para crear un ente público audio-

---

54 FJ 4.

55 Publicada en el BOE nº 195, de 16 de agosto de 1982.

56 *Vid.* GARRIDO CUENCA., N. M., "El Estatuto de Autonomía de Castilla-La Mancha" en ALONSO C., BELTRÁN M., DELGADO F., MORENO J.A., (COORDS.), *Derecho Público de Castilla-La Mancha*, Iustel, Madrid, 2016, págs. 65 y ss.

57 Apartados d) y h) del artículo 4 de la L.O. 9/1982, de 10 de agosto, de Estatuto de Autonomía de Castilla-La Mancha.

visual que diera servicio a todo el territorio de Castilla-La Mancha. Para lo anterior, ya reza el artículo 32 de la L.O. 9/1982, de 10 de agosto, de Estatuto de Autonomía de Castilla-La Mancha que, a través del marco de legislación básica del Estado, es competencia de la Junta de Comunidades el desarrollo legislativo y la ejecución, según el apartado 9) la "prensa, radio, televisión y otros medios de comunicación social, en el marco de las normas básicas que el Estado establezca de acuerdo con el número 27 del apartado 1 del artículo 149 de la Constitución", pudiendo "la Comunidad Autónoma podrá regular, crear y mantener los medios de comunicación social que considere necesarios para el cumplimiento de sus fines".

Recoge el artículo 38 de la L.O. 9/1982, de 10 de agosto, de Estatuto de Autonomía de Castilla-La Mancha que "en materia de medios audiovisuales de comunicación social del Estado, la Junta de Comunidades ejercerá todas las potestades y competencias que le correspondan, en los términos y casos establecidos en la Ley Reguladora del Estatuto Jurídico de Radiotelevisión". Este apartado dará lugar a la aprobación de la Ley 1/1987, de 7 de abril, sobre el Consejo Asesor de Radio y Televisión Española en Castilla-La Mancha. La norma nace del cumplimiento, de lo dispuesto por el artículo 38 anteriormente señalado, así como del artículo 14 de la Ley reguladora del Estatuto de la Radio y la Televisión, creándose así el Consejo Asesor de RTVE en el ámbito de la Comunidad Autónoma de Castilla-La Mancha. El Consejo se configura en la referida Ley como un órgano de asistencia al delegado territorial de RTVE en la Comunidad Autónoma y representante de los intereses de esta última a través del cual han de estudiarse las necesidades regionales en el campo de la radio y la televisión. Entre sus funciones se encuentran formular las recomendaciones oportunas para un mejor aprovechamiento de las capacidades de la Comunidad, con la finalidad de dotar a Castilla-La Mancha de una adecuada descentralización de los medios de comunicación social. Este órgano es un instrumento de participación y representación de los intereses de la Comunidad Autónoma castellanomanchega en RTVE.

En 2007 se aprobará la Ley 10/2007, de 29 de marzo, de Medios Audiovisuales de Castilla-La Mancha[58]. Esta norma surge como consecuencia del gran avance tecnológico del sector audiovisual que conlleva a una liberalización de las telecomunicaciones con una gran oferta en el ámbito estatal, que también se plasma en el ámbito de Castilla-La Mancha. De forma novedosa, ofrecerá una regulación conjunta de los servicios de radio y televisión que se presten en el ámbito territorial de la Comunidad Autónoma de Castilla-La Mancha, acabando con la dispersión normativa existente en materia de prestación de servicios de radio y televisión, dentro del ámbito de competencia de la Comunidad Autónoma.

3. ENTE PÚBLICO DE RADIOTELEVISIÓN DE CASTILLA-LA MANCHA

3.1. Antecedentes

Una vez que contemplaba el Estatuto de Autonomía de Castilla-La Mancha que la región podía asumir competencias audiovisuales, habrá que esperar a la aprobación de la Ley 3/2000, de 26 de mayo, de Creación del Ente Público de Radiotelevisión de Castilla-La Mancha[59] (en adelante LCMM). Tras la entrada en vigor de esta ley sería necesario la concesión por parte del Ejecutivo de la Nación, de la gestión directa del

---

[58] Publicada en el en el DOCM nº 82, de 19 de abril de 2007 y en el BOE nº 119, de 18 de mayo de 2007.

[59] Publicado en el DOCM nº 53, de 1 de junio de 2000 y en el BOE nº 159, de 4 de julio de 2000.

canal de televisión para el respectivo ámbito territorial, adoptándose esta decisión[60] a través del Real Decreto 1484/2001, de 27 de diciembre, por el que se concede a la Comunidad Autónoma de Castilla-La Mancha la gestión directa del tercer canal de televisión[61].

Aunque parezca una incongruencia, se precisaba la aprobación de la Ley 3/2000, de 26 de mayo, de Creación del Ente Público de Radiotelevisión de Castilla-La Mancha previamente a la concesión de un canal de televisión. Esto fue como consecuencia de cumplir con lo estipulado por el artículo 7 de la Ley 46/1983, de 26 de diciembre, reguladora del tercer canal de televisión, que determinaba la obligatoriedad, con carácter previo a la concesión, de que las comunidades autónomas solicitantes regularan por medio de una ley, la organización y el control parlamentario del tercer canal, de acuerdo con las previsiones de la Ley 4/1980.

De esta manera, cumplido el requisito previo anteriormente señalado, el Real Decreto 1484/2001, de 27 de diciembre, concede a la Comunidad Autónoma de Castilla-La Mancha, y para su ámbito territorial, la gestión directa del tercer canal de televisión de titularidad estatal. Será el Ente Público de Radiotelevisión de Castilla-La Mancha creado al efecto, el que desarrolle la organización, ejecución y emisión del tercer canal en Castilla-La Mancha, no pudiendo transferir esta gestión. Se

---

60 La concesión de televisión autonómicos se llevó a cabo mediante la aprobación de reales decretos, a excepción de la televisión vasca, dado que habiendo sido aprobado su Estatuto de Autonomía antes de la aprobación de la Ley del Tercer Canal de 1983, se entendió que podían crear su propio canal sin la necesidad de un real decreto, no siendo impugnada esta decisión por el Gobierno central. Véase al respecto a BENITO GARCÍA, J.M., "Las televisiones públicas en España: por qué y para qué", editorial Fe d`erratas, Madrid, 2017, pág. 75-78.

61 Publicado en el BOE nº 15, de 17 de enero de 2002.

preveía que la forma societaria que debía tener ostentar la gestión mercantil del servicio público de televisión del tercer canal sería a través de una sociedad anónima, íntegramente con capital público, no pudiendo "enajenarse, hipotecarse, gravarse, pignorarse o cederse en cualquier forma onerosa o gratuita[62]". Igualmente, la gestión debía ser llevada a cabo de forma directa, incluyendo la propiedad, financiación y explotación de instalaciones de producción de programas, comercialización y venta de sus productos y actividades de obtención de recursos mediante publicidad, así como cualquier otra actividad patrimonial, presupuestaria, financiera o comercial.

Un año más tarde de la aprobación de la LCMM comenzará su andadura la radio y televisión pública regionales en Castilla-La Mancha. En concreto, el 30 de mayo de 2001, comenzaba sus emisiones la Radio de Castilla–La Mancha y el 13 de diciembre de 2001 salía al aire el primer programa de la Televisión de Castilla-La Mancha.

3.2. Origen

La constitución de la comunidad autónoma Castilla-La Mancha determinaba la gestión de un vasto territorio con singularidades propias, lo que conllevaría a que se fuera imponiendo la necesidad de crear un prestador de servicios de comunicación audiovisual público, que diera servicio a las necesidades e inquietudes de la ciudadanía. Así las cosas, ya preveía la L.O. 9/1982, de 10 de agosto, de Estatuto de Autonomía de Castilla-La Mancha, que pudiera crearse y gestionarse un tercer canal de televisión autonómico propio. La constitución del Ente Público de Radiotelevisión de Castilla-La Mancha tiene su funda-

---

62 Artículo 3 del Real Decreto 1484/2001, de 27 de diciembre, por el que se concede a la Comunidad Autónoma de Castilla-La Mancha la gestión directa del tercer canal de televisión.

mento estatutario en el artículo 53 del Estatuto de Autonomía de Castilla-La Mancha que determina que "la Junta de Comunidades podrá constituir empresas públicas como medio de ejecución de las funciones que sean de su competencia, según lo establecido en el presente Estatuto[63]"; así como "constituir instituciones que fomenten la plena ocupación y el desarrollo económico y social en el marco de sus competencias[64]".

Así las cosas, su creación[65] supuso dotar a una entidad de derecho público, con personalidad jurídica propia, con la capacidad y finalidad de gestionar los servicios de radiodifusión y televisión públicos cuyo ámbito territorial sería el de Castilla-La Mancha. Estos servicios buscan llevar a cabo la realización cultural y social de la sociedad castellanomanchega, como señala el artículo 4 del Estatuto de Autonomía. La finalidad del Ente Público denominado "Castilla-La Mancha Media", y de su programación es "informar, educar y entretener[66]".

3.3. Organización y funcionamiento

La estructura que adopta el Ente Público de Radiotelevisión de Castilla-La Mancha (en adelante CMM) para su funcionamiento, administración, dirección, así como para asesoramiento se divide en tres órganos: Consejo de Administración, Dirección General y Consejo Asesor.

---

[63] Artículo 53.2.

[64] Artículo 53.4.

[65] *Vid.* BENITO GARCÍA, J. M., *op. cit.,* pág. 77.

[66] Véase www.cmmmedia.es , consultado el 28 de enero de 2025.

En relación con el Consejo de Administración[67], se determina que estará integrado por trece miembros elegidos, para cada legislatura, por el Pleno de las Cortes de Castilla-La Mancha, por mayoría de dos tercios. Si no se lleva a alcanzar esta mayoría, establece el artículo 4, que será suficiente para la elección la mayoría absoluta en la segunda votación. Este apartado 1 del artículo 4 había sido modificado por la Ley 6/2015 que modifica los artículos 4 y 5 de la Ley 3/2000, de 26 de mayo, de Creación del Ente Público de Radiotelevisión de Castilla-

---

[67] Según el artículo 6.1 LCMM, corresponde al Consejo de Administración:
a) Velar por el cumplimiento en materia de programación de lo establecido en la presente Ley.
b) Emitir su parecer sobre el nombramiento del director general.
c) Recibir notificación previa del nombramiento y cese del director general del Ente Público y de los directores de sus sociedades.
d) Proponer el cese del director general, por las causas enumeradas en el artículo 9.1.
e) Aprobar, a propuesta del director general, el Plan de actividades del Ente Público y el Plan de actuación de sus sociedades, fijando los principios básicos y las líneas generales de la programación, así como las Memorias Anuales correspondientes.
f) Aprobar, con carácter definitivo, las plantillas del Ente Público y sus sociedades y el régimen retributivo de su personal, ajustándose a las directrices establecidas al efecto por el Consejo de Gobierno.
g) Aprobar, a propuesta del director general, los anteproyectos de presupuestos del Ente Público y de sus sociedades.
h) Dictar normas de carácter interno, reguladoras de la emisión de publicidad a través de las sociedades del Ente Público, atendiendo al control de calidad de la misma, al contenido de los mensajes publicitarios y a la adecuación del tiempo de publicidad a la programación.
i) Determinar semestralmente el porcentaje de horas de programación destinado a los grupos políticos, sociales y culturales más significativos, respetando el pluralismo.
j) Determinar anualmente el porcentaje de producción propia que deberá incluirse en la programación de cada medio.
k) Conocer cualquier otra cuestión que el director general someta a su consideración.

La Mancha[68]. El motivo de esta reforma es debido al sistema de elección de los miembros del Consejo de Administración que seguía las mayorías previstas por el Estatuto de la Radio y la Televisión de 1980, y que tras la entrada en vigor del Real Decreto-Ley, de 20 de abril, de modificación del régimen de administración de la Corporación RTVE, que modifica la elección de este ente público, busca dotar al ente público autonómico de un idéntico régimen de elección. De igual manera, esta modificación incorporó de forma expresa la normalidad institucional relativa al desempeño en funciones de las competencias propias del Consejo de Administración durante el periodo que media entre la terminación de una legislatura y la designación de un nuevo Consejo de Administración en la siguiente. Esta circunstancia anteriormente señalada,no fue contemplada en un momento inicial.

La normativa relativa a los miembros del Consejo de Administración, contempla una serie de incompatibilidades, relacionadas principalmente con la vinculación con otras empresas audiovisuales. Así, la condición de miembro del Consejo de Administración es "incompatible con la vinculación directa o indirecta a empresas publicitarias, de producción de programas filmados, grabados en magnetófonos o radiofónicos, casas discográficas o cualquier tipo de entidades relacionadas con el suministro o dotación de material y programas a Radio Televisión Española, el Ente Público de Radiotelevisión de Castilla-La Mancha, o cualquier otra sociedad de Radio o Televisión". De igual forma "también será incompatible con todo tipo de prestación de servicios o relación laboral en activo con Radio Televisión Española, el Ente Público de Radiotelevisión de Castilla-La Mancha, las sociedades de ambos entes, o con cualquier otra entidad similar, pública o privada[69]". En relación

---

68 Publicada en el DOCLM de 31 de julio de 2015.

69 Artículo 4.2

con la presidencia del Consejo de Administración, es funcional al ser rotativa[70], por un período de cinco meses por cada uno de sus miembros. Se reunirá al menos, de forma ordinaria, una vez al mes, y de forma extraordinaria cuando lo decida la Presidencia, o lo solicite la mayoría absoluta de sus miembros. Sus acuerdos son adoptados por la mayoría de los miembros presentes, salvo los casos en que esta Ley exija una mayoría cualificada.

Otro órgano principal de CMM es la Dirección General, ejerciendo funciones ejecutivas[71] y regulado en los artículos 7 a 9 de la LCMM. La persona que ostenta la dirección general

---

70 Se determinará atendiendo la mayor edad de sus miembros.

71 Son atribuciones de la persona titular de la Dirección general de CMM:
Corresponden al director general las siguientes atribuciones:
a) Cumplir y hacer cumplir lo dispuesto en la presente Ley y en sus normas de desarrollo, así como los acuerdos adoptados por el Consejo de Administración en las materias que sean competencia de este órgano colegiado.
b) Proponer al Consejo de Administración la aprobación del Plan de Actuación, la memoria anual y el anteproyecto de presupuestos del Ente Público y de sus sociedades.
c) Orientar, impulsar, coordinar e inspeccionar los servicios del Ente Público de Radiotelevisión de Castilla-La Mancha y los de sus sociedades y dictar las instrucciones y medidas internas necesarias para su funcionamiento y organización.
d) Actuar como órgano de contratación del Ente Público y de sus sociedades, y autorizar los gastos y pagos.
e) Ordenar la programación de conformidad con los principios básicos aprobados por el Consejo de Administración.
f) Organizar la dirección del Ente Público y de sus sociedades, y nombrar, con criterios de profesionalidad, el personal directivo, notificando dichos nombramientos al Consejo de Administración.
g) Ostentar la representación del Ente Público y en consecuencia, comparecer en juicio en nombre del mismo, confiriendo a tal efecto los oportunos apoderamientos.

es nombrada[72] por el Gobierno de Castilla–La Mancha, oído el Consejo de Administración, y la duración de su mandato coincide con la de la legislatura de las Cortes regionales. Al igual que sucede con el Consejo de Administración, la duración de su mandato coincidirá con el de la legislatura de las Cortes de Castilla-La Mancha en que hubiera sido nombrada, continuando en funciones hasta la toma de posesión de la persona que sea elegida para ostentar el nuevo cargo. De igual forma, el Consejo de Gobierno, podrá cesar a la persona que ostente la dirección general, oído el Consejo de Administración, por resolución motivada, atendiendo a algunas de las causas[73] fijadas por la ley. Asimismo, la dirección de CMM es incompatible con el desempeño de cualquier otro cargo público, estando sujeto al régimen de incompatibilidades de altos cargos de la Junta de Comunidades y al fijado para los miembros del Consejo de Administración. La persona que ostente la dirección general del ente público, asistirá con voz y voto a las reuniones del Con-

---

h) Las competencias que no vengan atribuidas expresamente a otros órganos serán asumidas por el director general.

72 El DOCM nº 210, de 2 de noviembre de 2023, publicó el Decreto 268/2023, de 31 de octubre, por el que se dispone el nombramiento de doña Carmen Amores García como directora general del Ente Público Radio Televisión de Castilla-La Mancha. Disponible en: https://docm.jccm.es/docm/, consultado el 28 de enero de 2025.

73 Según el artículo 9.1 LCMM, serán causa de cese:

a) Imposibilidad física o enfermedad de duración superior a tres meses continuos.

b) Incompetencia manifiesta o actuación contraria a los criterios, principios y objetivos a los que se refiere la presente Ley.

c) Condena mediante sentencia firme por delito doloso.

d) Incompatibilidad.

El apartado 2 del artículo 9 indica que asimismo el Consejo de Gobierno podrá cesar al director general, a propuesta del Consejo de Administración, adoptada por mayoría de dos tercios, por causa fundada en uno de los supuestos del apartado anterior.

sejo de Administración, a excepción de aquellas materias que le afecten personalmente.

Por último, CMM dispone de un Consejo Asesor[74] compuesto por quince vocales[75], nombrados por el Consejo de Administración, al igual que sucederá con su presidente y vicepresidente, siendo elegidos por el propio Consejo mediante mayoría absoluta de sus miembros. El Consejo Asesor será convocado, al menos una vez al semestre, por el Consejo de Administración. Entre sus funciones se encuentran las de emitir opinión o dictamen relativo a los asuntos que les sean requeridos, así como aquellos relacionados con la programación del ente público. Al igual que sucede con el Consejo de Administración, el mandato de sus miembros se prorrogará hasta que las instituciones y los órganos que los designen los renueven.

---

74 La disposición transitoria de la LCMM recogía que mientras que no tuviera lugar la constitución del Consejo Asesor a que se refería la Ley, sus funciones las ejercería el Consejo Asesor de Radio y Televisión Española en Castilla-La Mancha.

75 Según el artículo 10 LCMM, el Consejo Asesor estará compuesto por los siguientes miembros:
a) Tres Vocales designados por las Cortes de Castilla-La Mancha entre personas de reconocido prestigio cultural.
b) Tres Vocales representantes de la Junta de Comunidades designados por el Consejo de Gobierno.
c) Tres Vocales representantes de los Ayuntamientos de la Región, designados por la Federación de Municipios y Provincias de Castilla-La Mancha.
d) Tres Vocales designados por la Universidad de Castilla-La Mancha, de acuerdo con el Consejo de Administración, entre personas de relevantes méritos culturales.
e) Tres Vocales representantes de los trabajadores del Ente Público y de sus sociedades, designados por las centrales sindicales más representativas según criterios de proporcionalidad.
Sobre estos últimos, cesarán cuando sean proclamados oficialmente los resultados de las elecciones sindicales y serán sustituidos de acuerdo con la representatividad resultante de las mismas.

La gestión de CMM se realizará por empresas públicas, atendiendo a criterios de eficacia y austeridad. De esta forma, se permite que CMM pueda constituir empresas con capital íntegramente de la Junta de Comunidades de Castilla-La Mancha, no pudiendo enajenarse, hipotecarse, gravarse, pignorarse o cederse en cualquier forma onerosa o gratuita. Con la finalidad de llevar a cabo una gestión más eficaz en la comercialización, producción o comunicación, el Consejo de Gobierno, a propuesta de la dirección general y de acuerdo con el Consejo de Administración, podrá acordar la creación de sociedades filiales.

En relación con la programación del ente público, debe cumplir con el respeto a los principios recogidos por la CE, así los marcados en el Estatuto de Autonomía de Castilla-La Mancha, velando por la objetividad, veracidad e imparcialidad de las informaciones emitidas por CMM y garantizando el respeto a la libertad de expresión, pluralismo político, cultural, social, respetando a la infancia, juventud y a los principios de igualdad y de no discriminación.

Existen dos elementos básicos en la LCMM que afectan de forma singular e indiscutible al funcionamiento y desarrollo del ente público audiovisual autonómico como son la financiación y el control de este. Serán las Cortes de Castilla-La Mancha las que llevarán a cabo el control parlamentario sobre CMM y sus sociedades, mediante la Comisión permanente no legislativa de control de radiotelevisión de Castilla-La Mancha, designada al efecto en la actual XI legislatura[76]. Al igual que sucede con el ente público nacional RTVE, este órgano legislativo es el encargado de controlar a CMM, siendo cada legislatura constituida la comisión al efecto, debiendo comparecer la persona que os-

76 Constituida el 20 de julio de 2023.

tente la dirección general ante la misma para rendir cuentas de su gestión.

La LCMM determina en su artículo 21 que "la fiscalización de la actividad económica y financiera del Ente Público y de sus empresas públicas y filiales se ejercerá por la Intervención General conforme a lo previsto en la Ley 6/1997, de 10 de julio, de Hacienda de Castilla-La Mancha, con el régimen de organización y delegación de competencias que resulte de aplicación. Asimismo, se somete al control de la Sindicatura de Cuentas de Castilla-La Mancha en los términos de su Ley reguladora, sin perjuicio de las competencias que pudieran corresponderle al Tribunal de Cuentas". El órgano que actualmente asume las funciones de fiscalización y control de su actividad económica y financiera será la Cámara de Cuentas de Castilla-La Mancha[77]. La Sindicatura de Cuentas de Castilla-La Mancha desarrolló sus funciones de control externo del sector público autonómico hasta su desaparición, en virtud de la Ley 1/2014, de 24 de abril, de supresión de la Sindicatura de Cuentas de Castilla-La Mancha. Así, la Cámara de Cuentas llevará a cabo esta labor de control y fiscalización del sector público, así como de las entidades integrantes del sector público regional, estando afecta la actuación de CMM al máximo órgano fiscalizador autonómico.

La financiación de CMM será a cargo de los Presupuestos Generales de la Junta de Comunidades de Castilla-La Mancha, a través de los ingresos y rendimientos de las actividades que realice. Este es un elemento complicado, y en muchas ocasiones objeto de controversias, si tenemos en cuenta las opiniones diversas entre si el ente público audiovisual debe ser financiado única y exclusivamente con dinero a través de presupuestos

---

[77] Aprobado por la Ley 7/2021, de 3 de diciembre, de la Cámara de Cuentas de Castilla-La Mancha, publicada en el DOCLM nº 237, de 13 de diciembre de 2021.

públicos, o mediante otro tipo de ingresos. Nuestra normativa solo permite que se pueda llevar a cabo esta financiación de CMM mediante fondos públicos. En su web puede verse la dotación presupuestaria, así como las cuentas anuales y las auditorías del ente público, que mejoran la transparencia del medio, como analizaremos a continuación.

Debemos destacar la transparencia[78] de CMM, en cumplimiento de la Ley 19/2013, de 9 de diciembre, de Transparencia, Acceso a la Información Pública y Buen Gobierno, así como con lo dispuesto en la Ley 4/2016, de 15 de diciembre, de Transparencia y Buen Gobierno de Castilla–La Mancha. En su página web[79] se puede obtener una información actualizada y accesible para que la ciudadanía pueda conocer muchas actuaciones que se llevan a cabo. Además de poder encontrar en un único apartado toda la normativa legal, (en algunos casos derogada) puede conocerse con exactitud las personas que forman parte del Consejo de Administración y del Consejo Asesor, así como la estructura organizativa, sedes, datos de plantilla, composición y trayectoria del equipo directivo de diferentes años. En esta misma línea, sorprende la gran documentación existente para garantizar la transparencia, pudiendo encontrar relaciones nominales del personal eventual, de confianza y asesoramiento, junto con el puesto que desempeñan, pertenecientes a CMM, presupuestos, cuentas anuales... Otro elemento importante en política de transparencia, que desde hace años se ha ido afianzando en el sector público, es

---

78 Vid. CAMPOS FREIRE, F., y VALENCIA BERMÚDEZ, A., "Los retos de la gobernanza, financiación y valor de las radiotelevisiones públicas" en MARZAL FELICI, J., LÓPEZ RABADÁN, P. y IZQUIERDO CASTILLO, J. (edits.), *Los medios de comunicación públicos de proximidad en Europa*, Tirant, Valencia, 2018, págs. 140-141.

79 Véase la web: https://www.cmmedia.es/informacion-corporativa/portal-de-transparencia, consultado el 28 de enero de 2025.

poder conocer la agenda de los cargos directivos, como puede examinarse desde la web de CMM.

El ente público audiovisual regional tiene una importante labor, tanto informativa como educativa para que la sociedad regional se desarrolle. Ello se hace latente en la importancia que le destina a su servicio público y que debe ser objeto de análisis. Atendiendo a la potestad del ente público audiovisual y más allá de las *hard law,* se fijan unas *soft law*[80], estableciendo unos principios generales de programación[81], aprobados por el Consejo de Administración, y que son fuente de inspiración de la programación que se emite en CMM. Estos principios vienen a consolidar y desarrollar los fijados por el artículo 6 LCMM.

Otra especial protección merece la juventud e infancia. Así las cosas, CMM como miembro de la Federación de Organismos de radio y televisión autonómicos, junto con otros operadores de televisión, ha suscrito el Código de Autorregulación sobre contenidos televisivos en infancia, fijándose aquellos contenidos que nos son adecuados para los menores. Este Código da respuesta a la Resolución del Parlamento Europeo, de 24 de octubre de 1997, sobre el Libro Verde relativo a la protección de los menores y de la dignidad humana en los nuevos servicios audiovisuales y de información, siendo "urgente que todos los operadores televisivos europeos establezcan un código de autorregulación en materia de protección de menores

---

80 *Vid.* GUICHOT, E., "Derecho de la Comunicación", Iustel, Madrid, 2015, págs. 98-100.

81 Texto disponible en la web: https://cmmedia-cmmedia-datap1.s3.amazonaws.com/documentoscmm/2015/12/Principios-grales-de-programaci%C3%B3n.pdf, consultado el 28 de enero de 2025.

que contenga mecanismos de control social y cláusulas severas de sanción en caso de incumplimiento[82]".

El ente público no es ajeno al gran problema de la violencia machista, siendo una lacra que, a pesar desgraciadamente de las grandes inversiones en políticas preventivas, no llega a erradicarse. De esta forma, existe una serie de recomendaciones para el tratamiento informativo de los casos de violencia machista. En esta línea, CMM ha elaborado y aprobado, con la finalidad de alcanzar la consecución de la igualdad efectiva de hombres y mujeres, así como la prevención del acoso moral y sexual, un Plan de Igualdad y un Decálogo de Buenas Práctica sobre contenidos para evitar la visión y el lenguaje sexista. En relación con el Plan de Igualdad, sus principios se adecuan con la finalidad de fomentar medidas de igualdad para avanzar en la consecución de la igualdad real entre mujeres y hombres en la empresa y por extensión, en el conjunto de la sociedad. La consecución de lo anterior señalado, se alcanza con la promoción y actuación sobre la política salarial, la formación, la salud laboral, la ordenación del tiempo de trabajo y la conciliación, la mejora en las condiciones de empleo y trabajo, lo que CMM tiene muy en cuenta. El III Plan de Igualdad fue aprobado el 17 de febrero de 2020, teniendo una vigencia según el apartado 2.3 de tres años desde su entrada en vigor, prorrogándose "hasta que se firme un nuevo plan[83]".

---

82 Véase la Declaración del Parlamento Europeo de 19 de septiembre de 2000. Texto disponible en https://cmmedia-cmmedia-datap1.s3.amazonaws.com/documentoscmm/2015/12/C%C3%B3digo-Texto-consolidado-2015-Julio.pdf, consultado el 28 de enero de 2025.

83 Plan de Igualdad de CMM disponible en la web https://cmmedia-cmmedia-datap1.s3.amazonaws.com/documentoscmm/2020/07/III_PLAN_IGUALDAD_CMM.pdf, consultado el 28 de enero de 2025.

Capítulo IV.

La prensa

1. ANTECEDENTES Y DESARROLLO NORMATIVO DEL CONTROL REGIO SOBRE LA IMPRESIÓN

El nacimiento de la imprenta[84], y por ende de la prensa, fue un fenómeno comunicativo sin precedentes en la historia y desarrollo de la humanidad. Estamos ante un fenómeno comunicativo que supuso el precedente de los medios de comunicación que conocemos en la actualidad, por lo que no puede obviarse su importancia, siendo necesario su análisis.

El comienzo del uso de la imprenta en nuestro país tendrá lugar a finales del siglo XIV con el surgimiento del estado moderno. Así, lo que hoy conocemos por prensa llegará siglos más tarde, siendo el producto de esta, la impresión y reproducción de libros[85]. La prensa surgirá en el siglo XVII, como consecuencia de la mejora en los transportes y servicios postales[86]. Nos encontramos ante una forma de comunicación que no tuvo demasiada difusión[87] entre las clases sociales, caracte-

---

84 *Vid.* PÉREZ DE GUZMÁN, J., "De la libertad de imprenta y de su legislación en España", Revista España, T. 34, Madrid, 1873, págs. 365 y ss.

85 *Vid.* DOMÍNGUEZ ORTIZ, A., *Las clases privilegiadas en la España del Antiguo Régimen*, ediciones Istmo, Madrid, 1973, pág. 410.

86 TERROU, F., *La información*, Oikos-Tau, Barcelona, 1970, pág. 15.

87 *Vid.* GÓMEZ APARICIO, P., *Historia del periodismo español, desde la Gaceta de Madrid (1616) hasta el destronamiento de Isabel II*, Editorial Nacional, Madrid, 1967, págs. 16 y ss. Es en el siglo XVII cuando en España se desarrolle el Gaceterismo, un noticiero español típico y

rizada en su gran mayoría por un analfabetismo imperante, que beneficiaba a la monarquía. Los derechos políticos no se desarrollarán en el Antiguo Régimen y la prensa se caracterizará por su clandestinidad durante varios siglos.

Tras la introducción de la imprenta, sus primeros años de difusión (mediados del siglo XIV), se caracterizarán por un régimen de libertad absoluto, no existiendo ninguna medida restrictiva[88]. Al no existir censura, ni licencias que debieran obtenerse, se difundieron con rapidez, a pesar de su alto coste económico.

Los Reyes Católicos, en la Novísima Recopilación de 1480 en Toledo, estiman que los libros son un instrumento de progreso[89], liberándolos de gravamen alguno, indicando:

> "Considerando los Reyes, de gloriosa memoria, cuanto era provechoso y honroso que a estos sus reinos se trujesen libros de otras partes, para que con ellos se hiciesen los hombres letrados, quisieron y ordenaron, que de los libros no se pagase el alcabala (*ley 20. tit. 12. lib. 10.*): y porque de pocos días a esta parte algunos mercaderes nuestros naturales y extranjeros han traído, y de cada día traen libros buenos y muchos, lo cual parece que redunda en provecho universal de todos, y en ennoblescimiento de nuestros reinos; por ende ordenamos y mandamos, que allende la dicha franqueza, que de aquí adelante todos los libros que se trajeren a estos nuestros reinos, así por mar como por tierra, no se pidan ni paguen, ni lleven almojarifazgo, ni diezmo ni portazgo, ni otros derechos algunos por los nuestros almojarifes, ni los dezmeros, ni portazgueros ni

---

popular, que convivirá con el Diarismo, más literario, aristocrático y afrancesado.

88 GÓMEZ-REINO y CARNOTA, E., *Aproximación Histórica al Derecho de la Imprenta y de la Prensa en España,* Escuela Nacional de Administración Pública, Madrid, 1977, págs. 20 y ss.

89 *Vid.* GÓMEZ-REINO y CARNOTA, E., *Aproximación Histórica...*, pág. 21.

otras personas algunas, así de las ciudades, villas y lugares de nuestra Corona Real, como de Señoríos, y Ordenes y Behetrías; mas que de todos los dichos derechos y diezmos y almojarifazgos sean libres y francos los dichos libros, y que persona alguna no los pida ni lleve, so pena que el que lo contrario hiciere caya e incurra en las penas en que caen los que piden y llevan imposiciones vedadas: y mandamos a los nuestros Contadores mayores, que pongan y asienten el traslado de esta ley en los nuestros libros, y en los cuadernos y condiciones con que se arriendan diezmos y almojarifazgos y derechos[90]".

Ante esta situación de libertad plena, nada hacía pensar que se instauraría un acérrimo control estatal (en esa época, regio) en las publicaciones, como consecuencia del cisma en la Iglesia Católica de Roma con la teología luterana. La monarquía se convertirá así en la protectora de la cristiandad frente a cualquier herejía, comenzando el examen, control, y en su caso, destrucción de las impresiones de libros y obras contrarios a la ortodoxia religiosa de la Santa Sede. Será el Papa Alejandro VI, en 1501, el que introduzca la censura eclesiástica por primera vez, expandiéndose rápidamente al resto de países católicos. Considerará la imprenta como un buen método de difusión y divulgación, elogiándola e indicando que puede ser útil para propagar el bien, estableciendo acto seguido, que "puede producir grandes trastornos al dar publicidad al mal[91]". Esta censura se plasma con la pena de excomunión en caso de no cum-

90 Ley I del Libro VIII. De las ciencias, artes y oficios, Título XV. De los impresores, libreros, imprentas y librerías. Disponible en: https://www.filosofia.org/cod/nv081501.htm, consultado el 28 de enero de 2025.

91 Véase la web: https://www.infocatolica.com/, consultado el 28 de enero de 2025.

plir con sus restricciones[92], sin entrar a analizar el papel clave que tuvo el Tribunal del Santo Oficio de la Inquisición[93].

En esta línea, ante las pautas marcadas por el papa Alejandro VI, los Reyes Católicos promulgarán la Real Pragmática de Isabel y Fernando, dictada en Toledo, el 8 de julio de 1502, por la que establecen la obligación de obtener una licencia para cualquier publicación secular, así como para la importación de libros[94], siguiendo así los mandatos eclesiásticos de esta manera:

> "Mandamos y defendemos, que ningún librero ni impresor de moldes, ni mercaderes, ni factor de los suso dichos, no sea osado de hacer imprimir de molde de aquí adelante por vía directa ni indirecta ningún libro de ninguna Facultad o lectura, o obra, que sea pequeña o grande, en latín ni en romance, sin que primeramente tenga para ello nuestra licencia y especial mandado, o de las personas siguientes; en Valladolid y Granada los Presidentes que residen, o residieren en cada una de las nuestras Audiencias que allí residen; y en la ciudad de Toledo el Arzobispo de Toledo; y en la ciudad de Sevilla el Arzobispo

---

92 Señala GÓMEZ-REINO y CARNOTA E., en *Aproximación Histórica…*, que el Papa Alejandro VI estableció que "habiendo llegado a conocimiento de la Santa Sede que en Colonia, Maguncia, Tréveris y Magdeburgo se habían impreso y seguían imprimiéndose libros conteniendo errores y doctrinas perniciosas, se prohíbe bajo pena de excomunión latae sententiae además de penas pecuniarias se imprima o mande imprimir en adelante libros, tratados u otros escritos sin consultar, previamente, al Arzobispo de Colonia o su Vicario, o a los Oficiales que se designen, y sin haber obtenido licencia gratuita, imponiendo a los censores la obligación de conciencia de examinar cuidadosamente los libros que han de imprimirse, o hacerlos examinar por varones católicos y puritos, requiriendo a los impresores y a toda persona, cualquiera que sea su dignidad y estado, para que dentro del plazo que se señalare presenten inventario y entreguen sin resistencia o fraude de libros que se estimen contrarios a la Fe Católica, impíos o escandalosos, bajo pena de excomunión o multa.

93 El Papa Sixto V otorgó esta Bula, el 1 de noviembre de 1478, a los Reyes Católicos, concediéndoles la potestad de nombrar a los inquisidores.

94 Ya fuera otro país o reino.

de Sevilla; y en la ciudad de Granada el Arzobispo de Granada; y en Burgos el Obispo de Burgos; y en Salamanca y Zamora el Obispo de Salamanca; ni sean asimismo osados de vender en los dichos nuestros reinos ningunos libros de molde que trujeren fuera dellos, de ninguna Facultad ni materia que sea, ni otra obra pequeña ni grande, en latín ni en romance, sin que primeramente sean vistos y examinados por las dichas personas, o por aquellos a quien ellos lo cometieren, y hayan licencia dellos para ello[95]".

Será esta censura o limitación en la libertad de acceso, tanto de impresión, difusión o compra de obras del exterior, la que conlleve, como decía GARCÍA PELAYO, a engendrar "la libertad de pensamiento y de su expresión[96]".

Tras los Reyes Católicos, los diferentes reinados siguieron regulando y aprobando disposiciones que afectaban a la impresión. Felipe IV en 1627[97] establece la obligación de que los papeles periódicos deban ser impresos previa licencia. Así, en la línea de la Novísima Compilación, habrá que esperar al reinado de Carlos III cuando se promulguen varias disposiciones que afecten de manera expresa a los papeles conocidos como periódicos. Se aprueba por Carlos III, la Real Orden de 19 de mayo de 1785, el examen y licencias para imprimir los papeles periódicos, que no pasen de cuatro o seis pliegos impresos,

---

95 Libro VIII. De las ciencias, artes y oficios. Título XVI. De los libros y sus impresiones, licencias y otros requisitos para su introducción y curso. LEY I. Disponible en la web: https://studylib.es/doc/4809355/texto.-pragm%C3%A1tica-de-los-reyes-cat%C3%B3licos, consultado el 28 de enero de 2025.

96 GARCÍA PELAYO, M., "Derecho Constitucional Comparado", Revista de Occidente, 5ª edición, Madrid, 1959, pág. 152.

97 SINOVA, J., "Los medios de prensa escrita" en *Derecho de la Información*, BEL MALLEN, I., CORREIDORA Y ALFONSO, L., (Coords.) Ariel, Barcelona, 2003, pág. 444.

siendo competencia del Juez de Imprentas[98]. Este Juez tuvo un papel primordial en la impresión de periódicos. Ello se denota en la Resolución de 2 de octubre de 1788[99] por las que se establecen las "Reglas que deben observarse en los papeles periódicos, y escritos cuya impresión corra bajo la inspección del Juez de Imprentas". Con esta norma se buscaba controlar la impresión y divulgación de papeles periódicos, que pese al intento de control real se continuaban creando, publicando y distribuyendo.

Esta medida obligaba a solicitar una licencia previa del ejemplar que se pretendía imprimir ante el Juez de Imprentas. De igual manera se instaba al autor o traductor a eliminar "expresiones torpes ni lúbricas, ni tampoco sátiras de ninguna especia, ni aun de materias políticas, ni cosas que desacrediten a las personas, los teatros e instrucción nacional, y mucho menos las que sean denigrativas del honor y estimación de Comunidades, o personas de todas clases, estados, dignidades, y empleos; absteniéndose de qualquiera voces o cláusulas que puedan interpretarse, o tener alusión directa contra el Gobierno, y sus Magistrados; pena de que se procederá a imponerles o exigirles las penas establecidas por las leyes". Tras el control inicial, y superaba el visto bueno del Juez de Impresión, la copia y el original se devolverán a aquel para que compruebe que la impresión se hizo con el debido arreglo. Otro punto importante que se controlaba, limitando toda clase de crítica era que no se podrían tratar asuntos que hubieran sido resueltos por el rey, sus ministros o Tribunales, salvo consulta o permiso de estos.

---

98 Libro VIII, Título 17, Ley IV de la Novísimas Recopilación. Disponible en: https://bvpb.mcu.es/es/consulta/registro.cmd?id=403945, consultado el 28 de enero de 2025.

99 Libro VIII, Título 17, Ley III de la Novísimas Recopilación. Disponible en: https://bvpb.mcu.es/es/consulta/registro.cmd?id=403945, consultado el 28 de enero de 2025.

Siguiendo el orden sistemático de la Novísima Recopilación, llegamos a la conclusión que la Resolución, de 2 de octubre de 1788, no tuvo el éxito que pretendía al intentar controlar las publicaciones de papeles periódicos, y el monarca Carlos IV, mediante Resolución, de 24 de febrero de 1791, prohibió la impresión y venta de "Diarios y papeles públicos que salen periódicamente" a excepción del Diario de Madrid[100].

A nivel internacional, la primera proclamación solemne del derecho a la libertad de prensa será en Norteamérica, en concreto en la Declaración de Derechos del Buen Pueblo de Virginia, de 12 de junio de 1776, que protege en su artículo XII "que la libertad de prensa es uno de los grandes baluartes de la libertad y no puede ser restringida jamás, a no ser por gobiernos despóticos[101]". Posteriormente, la Constitución de los Estados Unidos de América, de 1787, en su Enmienda I limita las potestades del poder legislativo, recogiendo expresamente que "el Congreso no hará ley alguna por la que... coarte la libertad de palabra o de imprenta[102]".

Tendremos que esperar una década más tarde para que llegue el reconocimiento de estos derechos al continente europeo, siendo protegida la libertad de prensa por la Declaración de los Derechos del Hombre y del Ciudadano de 26 de agosto de 1789. Su artículo 11 remarcará que "la libre comunicación de pensamientos y opiniones es uno de los derechos más valiosos del Hombre; por consiguiente, cualquier Ciudadano puede hablar, escribir e imprimir libremente, siempre y cuando responda del

---

[100] Por Real Cédula de 17 de enero de 1758 se concedió privilegio para su impresión y publicación, con las noticias de cuanto ocurriese importante al comercio, tanto literario como civil y económico.

[101] Disponible en: https://archivos.juridicas.unam.mx/www/bjv/libros/6/2698/21.pdf, consultado el 28 de enero de 2025.

[102] Disponible en: https://www.archives.gov/espanol/constitucion, consultado el 28 de enero de 2025.

abuso de esta libertad en los casos determinados por la Ley[103]". La Declaración Universal de Derechos Humanos de 10 de diciembre de 1948, en su artículo 19 reconocerá universalmente, por los países signatarios de la misma, el derecho que tiene todo individuo "a la libertad de opinión y de expresión; este derecho incluye el de no ser molestado a causa de sus opiniones, el de investigar y recibir informaciones y opiniones, y el de difundirlas, sin limitación de fronteras, por cualquier medio de expresión[104]".

Debemos remarcar que la Declaración Universal de Derechos Humanos es de obligada observancia en España[105], como consecuencia del artículo 10.2 CE, que establece que todas las normas relativas a los derechos fundamentales y libertades que la Constitución reconoce deben ser interpretadas conforme a aquella, así como a los acuerdos internacionales que hubiesen sido ratificados por España relativos a esas materias. Tras el análisis de este artículo podríamos entender que la CE está dotando de fuerza constitucional a todo este tipo de normas, convenios y declaraciones de derechos, pero no es así. Lo que establece es que deben interpretarse conforme a los mismos, según manifestó el Tribunal Constitucional, en su sentencia nº 36, de 14 de febrero de 1991[106], que declaró: "esta norma se limita a establecer una conexión entre nuestro propio sistema de derechos fundamentales y libertades, de un lado, y los Convenios y Tratados internacionales sobre las mismas materias en

---

103 Disponible en: https://www.conseil-constitutionnel.fr/, consultado el 28 de enero de 2025.

104 Fue firmada en San Francisco y está disponible en: https://www.un.org/es/about-us/universal-declaration-of-human-rights, consultado el 28 de enero de 2025.

105 Ratificado por España el 4 de octubre de 1979.

106 Publicada en el BOE nº 66, de 18 de marzo. Disponible en: https://www.boe.es/buscar/doc.php?id=BOE-T-1991-35000, consultado el 28 de enero de 2025.

los que sea parte España, de otro. No da rango constitucional a los derechos y libertades internacionalmente proclamados en cuanto no estén también consagrados por nuestra propia Constitución, pero si obliga a interpretar los correspondientes preceptos de ésta de acuerdo con el contenido de dichos Tratados o Convenios, de modo que en la práctica este contenido se convierte en cierto modo en el contenido constitucionalmente declarado de los derechos y libertades que enuncia el capítulo segundo del Título I de nuestra Constitución (FJ 5)". De este modo, en palabras del Tribunal Constitucional "aunque los textos y acuerdos internacionales del artículo 10.2 CE constituyen una fuente interpretativa que contribuye a la mejor identificación del contenido de los derechos cuya tutela se pide a este Tribunal Constitucional, la interpretación a que alude el citado artículo 10.2 del texto constitucional no los convierte en canon autónomo de validez de las normas y actos de los poderes públicos desde la perspectiva de los derechos fundamentales, es decir, no los convierte en canon autónomo de constitucionalidad". "Si así fuera, sobraría la proclamación constitucional de tales derechos, bastando con que el constituyente hubiera efectuado una remisión a las Declaraciones internacionales de Derechos Humanos o, en general, a los tratados que suscriba el Estado español sobre derechos fundamentales y libertades públicas". SSTC 64/1991, de 22 de marzo (FJ 4), 372/1993, de 13 de diciembre, (FJ 7), 41/2002, de 25 de febrero (FJ 2) y STC 236/2007, de 7 noviembre (FJ 5).

2. LA PRENSA EN LA ACTUALIDAD

La prensa, medio de comunicación tan importante en el siglo pasado, se ha visto abocado a un uso, nos atreveríamos a decir, casi residual (en su versión de papel) debido a la aplicación de las nuevas tecnologías de la comunicación actuales, así como la utilización de internet a través de las redes sociales o distintas plataformas comunicativas. La prensa es un sector que se encuentra afectado por varios derechos reconocidos constitucionalmente. Sin duda, el más importante sería el derecho fundamental desarrollado por el artículo 20.1 apartado a) CE relativo al derecho a la libertad de expresión mediante "el escrito o cualquier otro medio de reproducción". Además, en íntima conexión con la prensa se encuentra el artículo 38 CE que reconoce el derecho a "la libertad de empresa en el marco de la economía de mercado" y, por tanto, la capacidad de crear empresas dedicadas a la difusión informativa. En este sentido, la STC 77/1982, de 20 de diciembre (TOL78.968), dejó claro que, tras la aprobación de la CE, todas las leyes y disposiciones normativas que la contravinieran quedaban derogadas sin la necesidad de que debiera existir una declaración formal y expresa en tal sentido[107], por tanto, el derecho de crear empresas y de editar, difundir y poner a la venta sin restricción alguna publicaciones periódicas[108] se encuentra recogido y protegido por la Constitución, no pudiendo ser vulnerado por norma alguna.

El Estado tenía en un primer momento un control administrativo hacia la prensa derivado de la censura imperante en el régimen dictatorial franquista, que conocía la importancia de este medio de información. Prueba de ello es la Ley 14/1966, de 18 de marzo, de Prensa e Imprenta[109] que analizaremos. Este intervencionismo dio paso, tras la aprobación de la CE en 1978 de un régimen de ayudas públicas al sector con la Ley 29/1984, de 2 de agosto, por la que se regula la concesión de

107 FJ 2.

108 FJ 4.

109 Publicada en el BOE nº 67, de 19 de marzo de 1966. Disponible en https://www.boe.es/eli/es/l/1966/03/18/14/con, consultado el 28 de enero de 2025.

ayudas a Empresas Periodísticas y Agencias Informativas[110]. Estas ayudas públicas se justificaban atendiendo a la importancia de los medios de comunicación social para formar una opinión pública plural y libre. Se buscaba con este sistema de ayudas evitar la concentración de medios en manos de pocas personas o grupos que harían el establecimiento de un monopolio informativo, en detrimento de la calidad democrática y ese pluralismo necesario. La Ley 14/1966 instauraba diferentes tipos de ayudas, y curiosamente ya contemplaba, problemas tan de actualidad en nuestros días, como los "provocados por diversos factores como el aumento acelerado de los costes, el elevado porcentaje del precio de venta absorbido por los gastos de distribución y la competencia de los modernos medios de comunicación audiovisual[111]". Otro factor primordial, por el cual se fundamentan las ayudas a este medio de comunicación social, es el bajo índice de lectura en España así como la obsolescencia de los equipos tecnológicos cuya renovación exigía importantes inversiones.

Las ayudas podían ser directas e indirectas. Dentro de las directas, se encuadran aquellas que consistían en la transferencia de fondos públicos, atendiendo a los presupuestos públicos anuales, tomando en consideración para su otorgamiento el número de ejemplares distribuidos, consumo de papel prensa, reconversión tecnológica, teniendo especial significación aquellos diarios de menor difusión. Las ayudas indirectas engloban beneficios de carácter tributario, crediticio, postal, de distribución, de comunicación y otros análogos, ampliándose estas ayudas a las empresas editoras de publicaciones periódicas no diarias de información general.

---

110 Publicada en el BOE nº 185, de 3 de agosto de 1984. Disponible en https://www.boe.es/eli/es/l/1984/08/02/29, consultado el 28 de enero de 2025.

111 Preámbulo de la Ley 14/1966, de 18 de marzo, de Prensa e Imprenta.

Estas ayudas finalizarían[112] a comienzos de la década de los años 90 del siglo XX con la entrada de España en la Unión Europea años antes (en 1985), y siendo característico de esta organización la libre competencia, no teniendo ya cabida. La Ley 31/1990, de 27 de diciembre, de Presupuestos Generales del Estado para 1991[113], en su Disposición derogatoria segunda deja derogadas las ayudas que permitía la Ley 29/1984. Los medios audiovisuales no han sido ajenos a esta polémica[114] al mantenimiento o derogación de subvenciones y ayudas públicas como analizaremos. Lo cierto es que tras esta supresión de las ayudas públicas a la prensa en 1990 se produce la creación de concentración de medios de prensa bajo la dirección de grupos, limitando así la oferta, y, por tanto, la pluralidad de una opinión pública diversa requisito de cualquier estado democrático. La protección del sector, en aras de evitar un oligopolio, se producirá a través de la Ley 16/1987, de 17 de julio, de Defensa de la Competencia[115], posteriormente derogada por la actual Ley 15/2007, de 3 de julio[116], que prohibirá todas aquellas conductas colusorias o prácticas concertadas que tenga por objeto, produzca o pueda producir el efecto de impedir, restringir o falsear la competencia en todo o parte del merca-

---

112 Seguirán existiendo ayudas a la prensa y demás medios audiovisuales articulándose de diferentes formas y también originadas por los catastróficos efectos económicos que tuvo la epidemia por la COVID-19 en 2020.

113 Publicada en el BOE nº 311, de 28 de diciembre de 1990. Disponible en https://www.boe.es/eli/es/l/1990/12/27/31, consultado el 28 de enero de 2025.

114 *Vid.* SINOVA, J., op.cit. pág. 452.

115 Publicada en el BOE nº 170, de 18 de julio de 1987. Disponible en la web https://www.boe.es/eli/es/l/1989/07/17/16, consultado el 28 de enero de 2025.

116 Publicada en el BOE nº 159, de 4 de julio de 2007. Disponible en https://www.boe.es/eli/es/l/2007/07/03/15, consultado el 28 de enero de 2025.

do nacional[117]. Como estudiaremos, este fenómeno no solo se concreta en los medios de comunicación relativos a la prensa e imprenta escrita, sino que también abarca a todo el sector audiovisual, tanto televisión como radio asi como a todas las nuevas tecnologías de la información. Como señala VÁZQUEZ MONTALBÁN "poseer un medio informativo, si bien no es ni será probablemente nunca un buen negocio en sí, es una magnífica inversión político-económica[118]".

3. RÉGIMEN JURÍDICO DE LA PRENSA EN ESPAÑA

La Ley 14/1966, de 18 de marzo, de Prensa e Imprenta (en adelante LPR) es una norma preconstitucional. Esta ley, la cual se encuentra en vigor actualmente, tiene connotaciones y referencias al régimen dictatorial[119], resultado llamativo el hecho que no se haya aprobado una ley dentro del marco constitucional. Lo que no debe obviarse es que gran parte de su articulado está derogado por otras normas constitucionales aprobadas tras 1978, dejando a la norma con una eficacia limitada. Entre otras, la Disposición derogatoria de la Ley 29/1984, de 2 de agosto, por la que se regula la concesión de ayudas a Empresas Periodísticas y Agencias Informativas derogaba los capítulos III, IV, VI y VIII de la LPR. En esta misma línea, la Ley Orgánica

---

117 Artículo 1 de Ley 15/2007, de 3 de julio, de Defensa de la Competencia.

118 VÁZQUEZ MONTALBÁN, M., *Informe sobre la información*, Editorial Fontanella, Barcelona, 1975, pág. 236.

119 En la Exposición de Motivos de la Ley 15/1966, de 18 de marzo, de Prensa e Imprenta, se indica que la ley busca cumplir los postulados y las directrices del Movimiento Nacional y del Fuero de los Españoles, así como "tratar de dar un nuevo paso en la labor constante y cotidiana de acometer la edificación del orden que reclama la progresiva y perdurable convivencia de los españoles dentro de un marco de sentido universal y cristiano, tradicional en la historia patria".

2/1984, de 26 de marzo, reguladora del derecho de rectificación[120] derogó el capítulo IX[121].

Con anterioridad a la vigente LPR se rigió la prensa por la Ley de 22 de abril de 1938 que, pese a su carácter transitorio, estuvo vigente hasta la aprobación de su predecesora. La Orden de 29 de mayo de 1937, regula la censura en medios impresos[122].

Años antes, con la Constitución de 9 de diciembre de 1931, se contemplaba la posibilidad de que "las regiones autónomas" pudieran llevar a cabo la ejecución de materias, de titularidad estatal, entre las que se encontraba el régimen de prensa[123].

El control estatal sobre los medios y las publicaciones se denota en la Orden de 29 de abril de 1939, que establece la obligatoriedad de una autorización previa para publicar, y más, mediante la Orden de 15 de julio de 1939, por la que se crea una Sección de Censura dependiente de la Jefatura del Servicio Nacional de Propaganda y afectando a la secretaria general[124]. Esta sección recuerda mucho a la figura, que analizamos del Tribunal de Imprenta en el apartado anterior y, que controlaba las publicaciones en el siglo XVII. Se justifica la creación

---

[120] Publicada en el BOE nº 74, de 27 de marzo de 1984. Disponible en https://www.boe.es/eli/es/lo/1984/03/26/2/con, consultado el 28 de enero de 2025.

[121] La Disposición Derogatoria establece que "quedan derogados los artículos 58 a 62 de la Ley 14/1966, de 18 de marzo".

[122] Véase la web http://www.represura.es/represura_2_enero_2007_articulo3.html, consultado el 28 de enero de 2025.

[123] Artículo 15.10 de la Constitución de 9 de diciembre de 1931. Disponible en: https://www.congreso.es/docu/constituciones/1931/1931_cd.pdf, consultado el 28 de enero de 2025.

[124] Publicado en el BOE nº 211, de 30 de julio de 1939. Disponible en: https://www.boe.es/gazeta/dias/1939/07/30/pdfs/BOE-1939-211.pdf, consultado el 28 de enero de 2025.

de la Sección de Censura, en aras de proteger la educación moral y política de los españoles, siendo sus cometidos los de la censura de toda clase de publicaciones no periódicas, y de aquellos periódicos ajenos a la jurisdicción del Servicio Nacional de Prensa; de los originales de obras teatrales, cualquiera que sea su género; los guiones de películas cinematográficos; los originales y reproducciones de carácter patriótico; los textos de todas las composiciones musicales que lo lleven, y a las partituras de las que lleven título o vayan dedicadas a personas o figuras o temas de carácter oficial. Las obras comprendidas anteriormente, precisaban para su difusión y publicidad de la autorización previa de la Sección de Censura del Servicio Nacional de Propaganda.

La LPR, en lo referente a las empresas periodísticas y su registro (capítulos III y IV) nada indica, puesto que fue derogado por la Ley 29/1984, de 2 de agosto, por la que se regula la concesión de ayudas a Empresas Periodísticas y Agencias Informativas, además de los capítulos VI y VIII, por lo que para la creación de cualquier empresa periodística debemos acudir las normas referentes para la constitución de una mercantil.

Destaca el papel fundamental que se le otorga a la persona encargada de la dirección de una publicación periodística en los artículos 34 y siguientes de la LPR. A esa persona le "corresponderá la orientación y la determinación del contenido de estas, así como la representación ante las Autoridades y Tribunales en las materias de su competencia[125]". Se establece un régimen amplio de prohibiciones para poder ejercer la dirección de un medio de comunicación periodístico como reseña el ar-

[125] Artículo 34 LPR.

tículo 36.1 LPR[126]. Otro apartado importante de la LPR es la dirección del medio periodístico, ostentando aquella persona encargada de la orientación y la determinación del contenido de estas, así como la representación ante las Autoridades y Tribunales, en las materias de su competencia, ostentando el derecho de veto sobre el contenido de todos los originales del periódico, tanto de redacción como de administración y publicidad[127]. También, sobre la dirección pesará la responsabilidad del medio de comunicación periodístico[128], que puede conllevar además de obligaciones civiles, responsabilidades penales. En este sentido, el artículo 30 del Código Penal establece que en los delitos que se cometan utilizando medios o soportes de difusión mecánicos, responden los autores de forma escalo-

---

126 No podrán ser directores:
Primero. Los condenados por delito doloso, no rehabilitados, salvo que se hubiese apreciado como muy cualificada la circunstancia de preterintencionalidad en los delitos contra las personas.
Segundo. Los condenados judicialmente por tres o más infracciones en materia de Prensa.
Tercero. Los que hayan sido sancionados tres o más veces por el Jurado de Ética Profesional en grado superior al de amonestación pública.
Cuarto. Los sancionados administrativamente tres o más veces por infracción grave, según la presente Ley, en el plazo de un año.

127 CARRILLO, M., *La cláusula de conciencia y el secreto profesional de los periodistas,* Civitas, Madrid, 1993, pág. 110.

128 El artículo 39 de la LPR está recurrido. El Pleno del Tribunal Constitucional, por providencia de 6 de mayo de 2020, ha acordado admitir a trámite la cuestión de inconstitucionalidad número 1478-2020, planteada por la Sección 4.ª de la Sala de lo Contencioso-administrativo del Tribunal Supremo, respecto del artículo 153.1 LOREG, en relación con los artículos 53 y 50.4 LOREG y artículos 34 y 39 de la Ley 14/1966, de 18 de marzo, de Prensa e Imprenta, por posible vulneración de los artículos 9.3 y 25.1 CE. («B.O.E.» 8 mayo).

nada, excluyente y subsidiaria[129] de acuerdo con el siguiente orden:

> 1.º Los que realmente hayan redactado el texto o producido el signo de que se trate, y quienes les hayan inducido a realizarlo.
>
> 2.º Los directores de la publicación o programa en que se difunda.
>
> 3.º Los directores de la empresa editora, emisora o difusora.
>
> 4.º Los directores de la empresa grabadora, reproductora o impresora.

La STC 22/1995, de 30 de enero (TOL527.824)[130] trata principalmente la ponderación entre los derechos a la libertad de expresión y de información, además también de la responsabilidad de los medios de comunicación en la publicación de noticias. La sentencia recurrida ante el Tribunal Constitucional era la dictada por la Audiencia Provincial de Barcelona[131], de 23 de septiembre de 1992, parcialmente revocatoria de la de instancia, que condenaba al recurrente a la pena de seis meses y un día de prisión menor, accesorias, multa de cuarenta mil pesetas, al abono de una parte de las costas, así como siendo

---

129 DE CARRERAS SERRA, L., *Las normas jurídicas de los periodistas, Derecho español de la información*, Editorial UOC, Barcelona, 2008, pág. 346.

130 Publicada en el BOE nº 50, de 28 de febrero de 1995. Disponible en: https://www.boe.es/diario_boe/txt.php?id=BOE-T-1995-5101, consultada el 31 de octubre de 2023. Esta sentencia versa sobre el mediático caso del asesinato de los Marqueses de Urquijo. En el origen del procedimiento se encontraban sendos reportajes publicados en los núms. 373 y 375 (1983) de la revista «Interviú»; en ellos se ofrecía una versión del asesinato de los Marqueses de Urquijo, sosteniéndose que los citados señora Sierra Urquijo y señor Escobedo Gómez-Martín (hija de las víctimas y padre de quien fue condenado como autor del crimen, respectivamente) habían tenido algún grado de participación o conocimiento en el asunto.

131 Recurso de apelación nº 3.627/92.

obligado a indemnizar al perjudicado en la suma de tres millones de pesetas, siendo responsable civil subsidiario la sociedad «Ediciones Zeta, S.A.». No estando conforme con esta resolución judicial, recurrió en amparo al Tribunal Constitucional, alegando entre otros motivos, que no se pudo determinar qué periodista o periodistas escribieron los artículos, y que cuando se publicó el reportaje periodístico estaba en calidad de adjunto a la dirección y no como director del medio (el cual se encontraba de vacaciones), no contemplando esta figura el Código Penal para así poder condenarlo. El Alto Tribunal rechazó sus pretensiones, desestimó este motivo, considerando que no existía infracción del artículo 25.1 CE, al llevarse a cabo por la sentencia recurrida una interpretación prácticamente literal del precepto del Código Penal[132] relativo a la autoría. Establece que "en efecto, que al ser desconocidos los autores materiales del reportaje la responsabilidad penal sólo podía exigirse del Director de la publicación; y dado que éste se encontraba de vacaciones al tiempo de publicarse el reportaje y no pudo, según se tuvo por acreditado, tener conocimiento de la misma, la responsabilidad debía imputarse a quien en aquel momento ejercía las funciones directivas, esto es, al señor B. R., encargado de la redacción en la que se confeccionó el reportaje, y respecto de quien se tuvo por probado que actuó con el dolo o, cuando menos, la culpa suficientes a los efectos de tenerle por autor criminalmente responsable del delito imputado[133]".

De todo lo anterior se concluye la enorme responsabilidad que ostenta la persona que ostenta la dirección de un medio de comunicación periodístico. Esta responsabilidad fue como consecuencia de la LPR de 1966, que, modifica la anterior norma de 1939, pasándose de una censura ejercida por el Estado,

---

132 Artículo 15.

133 FJ 5.

a una autocensura cuya potestad sería ejercida por el responsable del medio periodístico[134].

Una vez que hemos analizado la importancia de garantizar el acceso a los medios de comunicación públicos de grupos sociales y políticos significativos, destaca lo intrínsecamente unido que está al control y organización parlamentaria como recoge textualmente el artículo 20.3 CE y que se estudiará más adelante dentro del marco jurídico concreto donde se regula.

---

134 *Vid.* DE CARRERAS SERRA, L., *op.cit.* pág.298.

Capítulo V.
La radio

1. ANTECEDENTES DE LA RADIODIFUSIÓN

Debemos retroceder al comienzo del siglo XX para conocer el origen de la radiodifusión en España. La Ley de 26 de octubre de 1907 autoriza al Gobierno para que proceda a plantear o desarrollar los servicios de radiotelegrafía, cables y teléfonos.[135] Recogía en su artículo 1 esa autorización al ejecutivo con la finalidad de que, a través de un Real Decreto, publicara en el plazo máximo de cuatro meses, contados desde la promulgación de la ley, para plantear o desarrollar, a través de entidades nacionales, los servicios de radiotelegrafía, cables y teléfonos. Así, en cumplimiento de este mandato, se aprobó el Real Decreto de 24 de enero de 1908[136] que la desarrolla. Además de identificar frecuencias coordinadas para cada clase de estaciones radiotelegráficas, se declaró incluido en los monopolios del Estado de forma implícita[137], "el establecimiento y explotación de todos los sistemas y aparatos aplicables a la telegrafía hertziana y demás procedimientos similares ya inven-

---

135 Publicada en la Gaceta de Madrid nº 301, de 28 de octubre de 1907. Disponible en: https://www.boe.es/datos/pdfs/BOE//1907/301/A00359-00359.pdf, consultado el 28 de enero de 2025.

136 Publicada en la Gaceta de Madrid nº 25, de 25 de enero de 1908. Disponible en: https://www.boe.es/buscar/doc.php?id=BOE-A-1908-682, consultado el 28 de enero de 2025.

137 SORIA, C., *Orígenes del Derecho de Radiodifusión en España*, EUNSA, Pamplona, 1974, pág. 16.

tados o que pudieran inventarse en el futuro[138]". El monopolio estatal llegará con el Real Decreto de 27 de febrero de 1923, por el que no podrá haber instalaciones radioeléctricas no autorizadas por el Ministerio de Gobernación o la Dirección General de Telecomunicaciones[139].

2. LA RADIODIFUSIÓN EN LA II REPÚBLICA

El 14 de abril de 1931, con la proclamación de la Segunda República, se crea el Ministerio de Comunicaciones ostentando el Estado (atendiendo a la Constitución de 9 de diciembre de 1931) la competencia exclusiva, y de ejecución directa, "del régimen general de comunicaciones, líneas aéreas, correos, telégrafos, cables submarinos y radiocomunicación[140]". Las regiones autónomas podían ostentar la competencia en la ejecución de las materias exclusivas encomendadas al Estado, en particular la referente a la radiodifusión[141], siempre que las Cortes así lo permitieran.

138 Véase en: www.museopostalytelegrafico.es, consultado el 28 de enero de 2025.

139 PEINADO MIGUEL, F., "La radiodifusión sonora en España: evolución jurídica", Revista General de la Información y Documentación, Vol. 8, nº 2, 1998, pág. 174.

140 Artículo 14 de la Constitución de 9 de diciembre de 1931. Disponible en: https://www.congreso.es/docu/constituciones/1931/1931_cd.pdf, consultado el 28 de enero de 2025.

141 Artículo 15.13 de la Constitución de 9 de diciembre de 1931. Disponible en: https://www.congreso.es/docu/constituciones/1931/1931_cd.pdf, consultado el 28 de enero de 2025.

La Ley de 29 de diciembre de 1934[142] desarrollará los mandatos constitucionales, estableciendo en su artículo 1 que "el servicio de Radiodifusión nacional es una función esencial y privativa del Estado, y al Gobierno corresponde desarrollar el servicio estableciendo una o más emisoras de onda extra corta para la radiodifusión extra peninsular, y especialmente para los países de habla castellana". Es llamativo, como de forma expresa, esta ley permitía a la Generalidad de Cataluña desarrollar el servicio de radiodifusión dentro de su ámbito competencial y territorial, atendiendo al artículo 5.11 del Estatuto de Autonomía de Cataluña. La norma jurídica marcaba que las estaciones de radiodifusión serían de propiedad única y exclusiva del Estado, no pudiendo ser objeto de concesión o enajenación. Destaca la norma jurídica por contemplar las concesiones de emisoras, que dará lugar a problemas legales e interpretativos hasta nuestros días; por regular, gravar y exigir el pago de tributos, al obligar al abono de licencias para el uso de aparatos radiorreceptores, impuestos sobre la venta de material de radio, y contemplando el uso de la publicidad radiada para el sostenimiento económico de la radio; por último se permitía, previo arriendo y pago de la tarifa correspondiente, de un tiempo diario para entidades confesionales o políticas, "para garantizar la neutralidad ideológica del servicio[143]".

Con posterioridad, en cumplimiento del artículo 7 de la Ley de Radiodifusión de 1934, se aprobó el Reglamento del Servicio General de Radiodifusión, de 22 de noviembre de 1935[144]. Define el servicio de radiocomunicación del Estado siendo

[142] Publicada en la Gaceta de Madrid nº 179, de 28 de junio de 1934. Disponible en: https://www.boe.es/datos/pdfs/BOE//1934/179/A02011-02012.pdf, consultado el 28 de enero de 2025.

[143] Artículo 5.

[144] Publicado en la Gaceta de Madrid el 12 de diciembre de 1935.

este "el establecimiento y explotación de los de Radiodifusión de sonidos e imágenes, ya en uso o que puedan inventarse en el porvenir". Muy alentador esta última parte del artículo 1, que pone de manifiesto la importancia y rapidez en los avances tecnológicos, algo de lo que se percata el legislador, y que lo plasma en el reglamento. En esta línea, desarrolla la Ley de Radiodifusión de 1934 ampliando notablemente las premisas que había establecido esta. En lo referente al apartado económico, de vital importancia para el mantenimiento de los medios radiados, se amplían notablemente los conceptos de las cuotas a abonar. En cuanto a la periodicidad del pago de las licencias de uso de los aparatos radiorreceptores, distingue entre un pago anual para los aparatos de galena, y otro semestral, para los aparatos de lámparas[145]. Para la publicidad radiada se ordena que el pago sea llevado a cabo por funcionarios de telégrafos[146], y que, para las tarifas, aplicadas por la Subsecretaria de Comunicaciones, se atenderá la extensión del anuncio y la hora en la que se emita[147]. Se considerará como ingresos por publicidad los obtenidos por propaganda política y confesional, regulada en el capítulo IX del Reglamento. Para los discursos o conferencias radiofónicas políticas o confesionales, el artículo 53 establece la obligación de una autorización previa por la autoridad gubernativa, llegando a ejercer una inspección durante su radiación. Nos encontramos ante una censura previa en época democrática de los medios radiofónicos, que luego se verá aumentada tras la Guerra Civil española, no existiendo mensajes, conferencias o discursos que no sean del ámbito estatal dirigente. En esta línea y previo a la aprobación y publicación del Reglamento del Servicio General de Radiodi-

[145] Artículo 20.

[146] Artículo 37.

[147] Artículo 39.

fusión, se dicta la Orden de 15 de febrero de 1934[148], que crea a los efectos gubernativos una Sección Especial de Radio dependiente de la Dirección General de Seguridad. Su finalidad será la de centralizar datos, normas de coordinación, examinará la instalación de todo nuevo servicio a los efectos gubernativos, y teniendo facultades de revisar aparatos e instalaciones públicos y privados. De esta misma forma, los servicios de radio dependientes del Ministerio de la Gobernación (Seguridad y Guardia civil) quedarán adscritos a dicha Sección. Notable importancia adquirirá la Junta Nacional de Radiodifusión y las Juntas Regionales, instauradas por el Reglamento del Servicio General de Radiodifusión, de 22 de noviembre de 1935 en sus artículos 59 y siguientes. La Orden de 5 de diciembre de 1934[149] dotará a las Juntas Regionales de potestad para llevar a cabo pesquisas para el descubrimiento de aparatos clandestinos y organización de ficheros, como pone de manifiesto esta Orden. Así, la Orden de 26 de noviembre de 1934[150], que da desarrollo al artículo 34 del Reglamento para establecimiento y régimen de Estaciones radio eléctricas, de 14 de junio de 1934, regula entre otras cosas, las estaciones emisoras de aficionados, obligando a los mismos a presentar solicitud, limitando el alcance de la misma y a sus titulares a no emitir o cambiar más que comunicaciones relativas a pruebas, ensayos o regulación de aparatos, con exclusión absoluta de cualquier otra clase de mensaje, quedando, por lo tanto, prohibido, en absoluto, a las estaciones de esta categoría utilizar las emisiones para comunicar noticias as terceros, ni nada que tenga el carácter de servicio telegráfico y telefónico corriente. También se prohíbe, en absoluto, utilizarlas como estaciones de radiodifusión. Únicamente se autoriza el lenguaje claro en esta clase de

---

[148] Publicada en la Gaceta de Madrid nº 54, de 23 de febrero de 1934.

[149] Publicada en la Gaceta de Madrid nº 341, de 7 de diciembre de 1934.

[150] Publicada en la Gaceta de Madrid nº 340, de 6 de diciembre de 1934.

emisiones, prohibiéndose en absoluto la transmisión de todo concepto contrario a la seguridad del Estado, al orden público o a la moral, todo ello conforme al artículo 28, limitándose así cualquier comunicación distinta a aquellas, dotando al Estado de un control total y absoluto sobre las emisiones.

3. LA RADIO EN LA GUERRA CIVIL

La radio, como ya dijimos, es un medio de comunicación social de notable importancia, lo que conllevó a que fuera de interés, tanto para el gobierno republicano, así como para los sublevados, con la finalidad de intentar tener un control absoluto de las ondas. Una vez iniciada la contienda bélica y conocedores de la valía de las ondas como medio necesario para levantar la moral de sus tropas, así como de inducir a la indolencia de las fuerzas contrarias, ambos bandos pronto dictarían multitud de normas jurídicas.

Por parte de las tropas sublevadas, el 18 de diciembre de 1936[151] se dictó Circular recordando disposiciones vigentes sobre instalaciones radioeléctricas por la que todas aquellas emisoras que no fueran de carácter puramente militar precisaban de una autorización de la Comisión de Obras Públicas y Comunicaciones[152]. Se exceptuaba de ese trámite preceptivo para su emisión a las emisoras que tuvieran el indicativo EAJ, que ya tenían una concesión anterior, aunque su misión se redujera a difundir las noticias oficiales relativas al Movimiento Nacional, partes de las autoridades o información y propaganda de entidades y organizaciones autorizadas. Sin esa autorización, no podía ni siquiera llevarse a cabo trabajos preparatorios de pruebas o de futuras emisoras.

---

[151] Publicada en el BOE nº 61, de 19 de diciembre de 1936.

[152] Dependiente de la Inspección General de Comunicaciones.

La Orden nº 180, de 14 de enero de 1937[153], establece los principios de la censura de forma clara y concisa que se desarrollarán, ampliándose durante las siguientes décadas. Fundamenta la Orden reseñada, la gran influencia que en la vida de los pueblos tiene el empleo de la propaganda, en sus variadas manifestaciones, "y el envenenamiento moral a que había llegado nuestra Nación, causado por las perniciosas campañas difusoras de doctrinas disolventes, llevadas a cabo en los últimos años, y la más grave y dañosa que realizan en el extranjero agentes rusos al servicio de la revolución comunista, aconsejan reglamentar los medios de propaganda y difusión a fin de que se restablezca el imperio de la verdad, divulgando, al mismo tiempo, la gran obra de reconstrucción Nacional que el nuevo Estado ha emprendido". Ante la importancia de la propaganda se crea una Delegación para Prensa y Propaganda adscrita a la secretaria general del jefe de Estado. Constituye una Sección Militar, que ejerce sus funciones por medio de órdenes directas del Alto Mando, que facilita, por tal conducto, cuantas noticias se refieran a asuntos de guerra y marcha de las operaciones. Se fija como la principal misión de la Delegación, la de conocer "tanto en el extranjero como en toda España, el carácter del Movimiento Nacional, sus obras y posibilidades y cuantas noticias exactas sirvan para oponerse a la calumniosa campaña que se hace por elementos «rojos» en el campo internacional[154]", utilizando para ello la prensa diaria y periódica y demás medios de difusión. Supervisando la Delegación para la Prensa y Propaganda estará una persona que, ostentando el carácter de autoridad, con categoría de gobernador civil, tendrá atribuciones para orientar la prensa, coordinar el servicio de las estaciones de radio, señalar las normas a que ha de sujetarse la censura y, en general, dirigir toda la propaganda por

---

153 Publicada en el BOE nº 89, de 17 de enero de 1937.

154 Artículo 2 de la Orden nº 180.

medio del cine, radio, periódicos, folletos y conferencias, para lo que adoptará las medidas necesarias para el desempeño de su cometido.

La Ley de 30 de enero de 1938 llevó a cabo una estructuración de los distintos órganos de gobierno de los sublevados, encuadrando dentro del Ministerio de Orden Público a Correos y Telecomunicaciones (artículo 8), y en el Ministerio del Interior a Prensa y Propaganda (artículo 9). La Ley de 29 de diciembre de 1938, modifica la de 30 de enero de 1938, cambiando la denominación de Ministerio de Orden Público al de Gobernación, estando constituido, por la Subsecretaría de Orden Público, que abarcará entre otras telecomunicaciones; y la Subsecretaría de Prensa y Propaganda, que comprenderá los Servicios Nacionales de Prensa, propaganda y Turismo.

La Orden de 6 de octubre de 1939[155], relativa a la regularización de emisiones radiofónicas, fundamenta su aprobación en la necesidad de vigilar estrictamente "las emisiones habladas por radio". De esta forma, todas las emisoras habladas en estaciones de tipo comercial quedaban sujetas a la censura de las Jefaturas Provinciales o Locales de Propaganda. Ninguna emisión hablada se podía realizar sin la previa autorización de estos organismos. Destaca que para noticiarios generales, y especialmente de asuntos internacionales, todas las emisoras de territorio nacional, con excepción de las Baleares, Canarias, plazas y zona de Marruecos, se debían conectar[156] con la emisora de Radio Nacional en Madrid a las horas que el Departamento de Radio de la Dirección General de Propaganda

155 Publicada en el BOE nº 279, de 7 de octubre de 1939.

156 El Real Decreto 2664/1977, de 6 de octubre, sobre libertad de información general por las emisoras de radiodifusión pondrá fin a esa obligación de conexión, según su artículo 2 que indica que "las emisoras públicas o privadas no estarán obligadas a conectar con Radio Nacional de España para la retransmisión de sus Diarios Hablados".

hubiera designado. De igual manera se podía autorizar a las emisoras de regiones extremas a radiar, con las debidas garantías noticiarios generales propios, en el caso de que por razones técnicas resultara deficiente la retransmisión desde Madrid. Se contempla así los problemas que existían con las emisiones, debido a la escasez de los medios técnicos, prohibiendo la emisión de noticias de ámbitos locales, provinciales o regionales de forma simultánea[157].

El gobierno de la II República había dictado multitud de normas referentes a los medios radiofónicos como estudiamos en el punto anterior, estimando que tenían bajo su control todas las emisiones, pero los acontecimientos derivados de la sublevación del 18 de julio de 1936 hicieron que adoptaran nuevas normas, pero de forma tardía. El único acto relativo a medios de comunicación radiofónico será la incautación temporal de Radio España y de una emisora afecta a Transradio, mediante Decreto de 2 de agosto de 1936[158]. Es significativo que pese a haberse iniciado el conflicto bélico, las competencias relativas a la radio eran ostentadas, por Decreto de la Presidencia del Consejo de ministros, de 19 de marzo de 1937[159], por tres ministerios: "la organización y explotación técnica al de Comunicaciones; lo relacionado con el orden público a Gobernación; y la programación a Propaganda; además las emisoras del frente pertenecían al Ministerio de la Guerra[160]". Se creó una Junta para coordinar los tres ministerios que tendría, entre sus funciones, la incautación de emisoras.

---

157 *Vid.* PEINADO MIGUEL, F., *La radiodifusión sonora... op. cit.* pág. 178.

158 Diario Ahora de 2 de agosto de 1936. Disponible en: http://www.memoriademadrid.es/, de consultado el 28 de enero de 2025.

159 Publicada en el BOE nº 87, de 28 de marzo de 1937.

160 CAL. R., "La incautación de bienes: notas sobre la radio", Historia y Comunicación Social, nº 6, Madrid, 2001, pág. 14.

El contenido del Decreto de 2 de agosto de 1936 no fue un hecho aislado puesto que con posterioridad, se aprobó el Decreto de 27 de mayo de 1937[161], por el que se procede de manera urgente a la incautación de todas las emisoras radioeléctricas "de los locales en que funcionen o se hallen depositadas las estaciones emisoras capaces de realizar servicios de radiodifusión, así como todo el material de repuesto y la parte móvil fácilmente desmontable de las antenas[162]". Los poseedores de estaciones emisoras radioeléctricas debían presentar una declaración jurada ante el Gobierno Civil respectivo, en la cual determinaran las características de estas, el concepto por la que la poseían, así como el servicio para el que era utilizado. Contravenir esta obligación, o hacerla de manera incompleta conllevaría la pérdida definitiva del material, así como la sanción que pudiera constituir. De igual manera se prohibía la venta de material de emisoras, así como su transporte, salvo que se dispusiera de una guía por el jefe de oficina postal de salida. La censura que mantenía la República en los años anteriores a la Guerra Civil en determinados mensajes radiofónicos, seguía estando patente en las disposiciones normativas adoptadas por el artículo 10 del Decreto de 27 de mayo de 1937. Así establece que "queda terminantemente prohibido efectuar emisiones o retransmisiones de actos no aprobados previamente por las autoridades que ejercen la censura, quedando a cargo del Interventor del Estado correspondiente el cumplimiento de este precepto". Ante la importancia de los medios y el problema que suponía las noticias falsas o infundadas, se penalizaron este tipo de conductas de forma contundente. El Decreto de 7 de mayo de 1937[163] crea y regula en su artículo 3 a los Jurados

---

161 Publicada en la Gaceta nº 152, de 1 de junio de 1937.

162 Artículo 2.

163 Publicado en la Gaceta nº 133, de 7 de mayo de 1937.

de Urgencia[164], a los que otorga competencias para conocer de los "de los actos de hostilidad o desafección al régimen, no constitutivos de delitos comprendidos en los Códigos o Leyes penales, que determinan. dicho Decreto". Estos actos de hostilidad o desafección ya habían sido tipificados con anterioridad en el Decreto de 10 de octubre de 1936, el cual los define como "difundir falsos rumores o noticias atinentes a las operaciones de guerra[165]". Las conductas tipificadas fueron aumentando, recogiendo el Decreto de 22 de junio de 1937[166] la creación de un Tribunal Especial encargado de sancionar los delitos de espionaje[167], alta traición, derrotismo y otros análogos, además de definir este tipo de conductas, considerando que son ante "una agresión, más o menos encubierta, contra el régimen, en los momentos en que deben actuar los órganos públicos con la mayor eficacia y la necesidad que el interés público demanda de evitar y reprimir semejantes actos con rapidez y ejemplaridad". Los delitos penados, para los cuales se podía hacer uso de la radio para perpetrarlos serían los siguientes: conducir partes, pliegos o comunicaciones del enemigo de los rebeldes, o no entregarlos a las autoridades legítimas, cuando se encontraren en la posibilidad de hacerlo (artículo 5.7); instalar apa-

---

164 Creados por el Decreto de 10 de octubre de 1936.

165 El importante papel de las noticias y de los rumores malintencionados, con la finalidad de desmoralizar fue plasmado en el asedio del Alcázar de Toledo. Dicho asedio se produjo desde el día 21 de julio al 27 de septiembre de 1936 cuando cesa. Tanto medios radiofónicos leales a la República habían transmitido la noticia falsa de la toma del Alcázar, así como medios de los sublevados indicaban que la resistencia al asedio estaba siendo fácil.

166 Publicada en la Gaceta nº, de 23 de junio de 1937.

167 Este delito había sido modificado con anterioridad al estallido de la guerra, mediante la Ley de 26 de julio de 1935 (publicada en la Gaceta de 2 de agosto de ese mismo año), por la que se modifican algunos artículos del Código de Justicia Militar, en concreto, las relativas al espionaje.

ratos de correspondencia o de transmisión sin autorización del Gobierno, y lanzar señales acústicas, ópticas, o de cualquier clase, con el fin de recibir o transmitir noticias al enemigo o a los rebelde (artículo 5.10); y difundir o propalar noticias o emitir juicios desfavorables a la marcha de las operaciones de guerra o al crédito y autoridad de la República en el interior o en el exterior, difundir las noticias del enemigo o favorecer sus designios, tal como emitir juicios favorables a la rendición de una plaza o a la conveniencia de pactar con los rebeldes (artículo 6.2). Todas estas normas penales buscaban como finalidad paralizar las conductas del enemigo que, hacia mella en el ejército y población, conocedores el gobierno republicano, como ya dijimos, del importante elemento que suponía, en especial atendiendo a lo que se conocía como "la quinta columna", siendo estos un grupo de personas que emitían información valiosa para los sublevados desde Madrid, y a su vez, recepcionaban mensajes de noticias, dedicándose a difundirlas entre la población.

4. LA RADIO EN POSTGUERRA

Tras finalizar la Guerra Civil, el gobierno franquista dictó numerosas normas relativas a la estructura y organización de la radiodifusión en España. El Decreto de 10 de octubre de 1941 organiza los servicios de la Vicesecretaría de Educación Popular de F. E. T. y de las J. O. N. S., atendiendo a la Ley de 20 de mayo de 1941 y así, las competencias que ostentaba la Subsecretaria de Prensa y Propaganda del Ministerio de la Gobernación pasaban a la Vicesecretaria de Educación Popular. Esta Vicesecretaria dirigiría la Delegación Nacional de Radiodifusión y Cinematografía, comprendiendo en la misma, las Secciones de Asuntos generales, Prensa nacional, Prensa extranjera e Información y censura (artículo 3). El Decreto permitió que en cada provincia se pudieran crear Delegaciones de la Vicesecretaria de Educación Popular (artículo 11).

La Orden de 23 de octubre de 1944[168] dictó normas transitorias para la organización y funcionamiento del servicio de radiodifusión. De esta manera fue encuadrado orgánicamente dentro de la Delegación Nacional de Propaganda, pero dependiendo funcionalmente del Vicesecretario de Educación Popular (artículo 2), aunque con un jefe, que a su vez ostentaría la dirección de Radio Nacional de España (artículo 5). Las emisoras oficiales de radiodifusión existentes y futuras, que pudieran constituirse, así como la sección de radiodifusión, adscrita a la Delegación Nacional de Propaganda pasaban a integrar el Servicio de Radiodifusión (artículo 3).

El Decreto-Ley de 19 de julio de 1951[169] reorganiza la Administración Central del Estado ante la gran amplitud e importancia de la Subsecretaría de Educación Popular (especialmente al regular la radiodifusión y prensa), creándose el Ministerio de Información y Turismo. El Decreto de 15 de febrero de 1952[170] señala en su Preámbulo que "la información se configura como uno de los servicios públicos de más hondo contenido y de más delicado tratamiento, ya que debe sujetarse a la obligación de promover el bien común, en orden a formar sanos criterios de opinión y a difundir la más auténtica conciencia de nuestra Patria y sus circunstancias, tanto en el interior como en el exterior", estableciendo una Dirección General de Radiodifusión del Ministerio, que asume las competencias que ostenta la Subsecretaría de Educación Popular, con competencias propias, y organizándose por secciones. Serán competencia de esta Dirección General de Radiodifusión desarrollar "administrativamente las actividades y funciones de

---

168 Publicada en el BOE nº 299, de 25 de octubre de 1944.

169 Publicado en el BOE nº 201, de 20 de julio de 1951.

170 Publicado en el BOE nº 55, de 24 de febrero de 1952.

este Ministerio en orden a las empresas radiofónicas, estaciones radio-emisoras en todos sus aspectos, como el técnico, informativo, político, cultural, religioso, educativo, artístico, económico, publicitario, o jurídico, así como los medios técnicos por los que los usuarios se benefician de las emisiones; ejecutar las órdenes que para el gobierno de los servicios radiofónicos de las instalaciones propias reciba del Ministro, y proponer la organización más adecuada de la televisión y demás progresos técnicos que se consigan" (artículo 17).

Una vez organizado el panorama nacional radiofónico, se procede a regular los ámbitos inferiores para que puedan existir emisoras comarcales y locales en todo el país. Así, meses más tarde, mediante Decreto de 14 de noviembre de 1952[171], se aprueba la regulación de estaciones radiodifusoras comarcales de onda media, con la finalidad de adaptarse al entorno internacional de radiodifusión y armonizar intereses públicos y privados. Se clasifican las estaciones de radio en nacionales, comarcales y locales (artículo 1), estableciéndose comarcales de onda media en Madrid, Barcelona, Sevilla, Valencia y San Sebastián, abriendo la posibilidad al régimen de concesión de las comarcales. Las emisoras locales estarán sujetas a las condiciones que posteriormente serían desarrolladas legislativamente. Este Decreto creará la Administración Radiodifusora Española (en adelante ARE) que por medio del Decreto de 3 de octubre de 1957[172] se le dotará de funciones[173], siendo un

---

171 Publicado en el BOE nº 331, de 26 de noviembre de 1952.

172 Publicado en el BOE nº 285, de 26 de noviembre de 1957.

173 Entre las mismas se encuentran las de: a) La explotación, conservación y sostenimiento de las estaciones de carácter nacional propiedad del Estado que se le entreguen por Orden ministerial, o las que la Administración Radiodifusora Española proyecte e instale por su cuenta, con la autorización del Ministerio de Información y Turismo; b) La realización con carácter exclusivo de las informar dones de carácter nacional o internacional, las emisiones dirigidas al extranjero v las del

organismo autónomo con plena capacidad jurídica, administrativa y financiera. Un lustro más tarde, ante la reorganización del Ministerio de Información y Turismo, la ARE se extingue, pasando sus funciones a la nueva Dirección General de Radiodifusión y Televisión (según el Decreto 2620/1962, de 11 de octubre[174]), estando compuesta por una Subdirección General de Radiodifusión a la que le corresponde la alta dirección de las emisoras explotadas por el Estado en su triple aspecto técnico, de programa y administrativo y la coordinación entre las mismas (artículo 4). Normas sucesivas modificaron la organización, funcionamiento y competencias de la radiodifusión en España.

El comienzo de una nueva época radiofónica nacerá con el Decreto 4133/1964, de 23 de diciembre sobre el plan transitorio de ondas medias para la radiodifusión española[175]. Establece en su artículo 1 cuatro tipos de emisoras: las que son propiedad del Estado; las del Movimiento; las de la Comisión Episcopal; y las locales de empresas privadas con concesión ori-

---

exterior que se retransmitan en España; c) La realización en exclusiva de las emisiones de televisión y el desarrollo técnico de la televisión nacional; d) La gestión directa de la publicidad radiada y televisada en las emisoras del Estado explotadas directamente por éste, y que por el Ministerio se autoricen, o su cesión en arrendamiento; e) El desarrollo de cuantas actividades relacionadas con la radiodifusión o televisión se estimen necesarias o convenientes para el mejor cumplimiento de los fines anteriormente enunciados; f) Las nuevas instalaciones de la red nacional de radiodifusión de sonidos e imágenes podrán ser financiadas con arreglo a lo dispuesto en la Ley de veinticinco de septiembre de mil novecientos cuarenta y uno, si el Ministerio de Información y Turismo, en su momento, lo considera necesario para la más perfecta y definida implantación del servicio, previo cumplimiento de los trámites legales.

174 Publicado en el BOE nº 257, de 26 de octubre de 1962.

175 Publicado en el BOE nº 313, de 30 de diciembre de 1964.

ginaria[176]. Así, a la espera de un plan nacional de radiodifusión se permitía durante este plan transitorio, con carácter provisional, la subsistencia de estas emisoras.

Habrá que esperar hasta la aprobación del Decreto 2648/1978, de 27 de octubre, por el que se aprueba el Plan Técnico Nacional de Radiodifusión Sonora[177]. Este Plan se adopta ante la necesidad de dotar al espectro radioeléctrico español una normativa definitiva, y tras la distribución de frecuencias para la radiodifusión sonora en ondas largas y medias, distribución que fue efectuada por la Conferencia de Ginebra, celebrada en entre octubre y noviembre de 1975, siendo posteriormente ratificado por el Gobierno español. El Plan Técnico Nacional establece que el "Servicio Público de Radiodifusión sonora se realizará en las bandas internacionalmente asignadas para este fin, en ondas largas (kilométricas), medias (hectométricas) cortas (decamétricas) y en ondas métricas con modulación de frecuencia". De igual manera buscará acomodar las posibilidades de desarrollo y cobertura del Estado con los intereses de los concesionarios de estaciones de radiodifusión para dotarlos de la correspondiente seguridad jurídica. Finalmente, también el Plan Técnico fija la posibilidad de establecer una cadena de emisoras en onda larga, integrada en Radio Nacional de España, y a reiterar la reserva en favor de la red del Estado para la realización de emisiones en ondas cortas destinadas al exterior. Sobre la radiodifusión sonora en ondas métricas, sentará las bases de una efectiva promoción de emisoras en frecuencia modulada que aseguren el mayor aprovechamiento de sus calidades y posibilidades técnicas.

---

176 Otorgadas por el Decreto de 8 de diciembre de 1932.

177 Disponible en: https://www.boe.es/eli/es/rd/1978/10/27/2648, consultado el 28 de enero de 2025.

Capítulo VI.

La televisión

1. ANTECEDENTES

Los medios de comunicación social, y en especial, la televisión, han sufrido una notable evolución derivada de las mejoras tecnológicas y también de una sociedad en constante cambio. Como ya indicamos en el capítulo anterior, la Ley de 26 de junio de 1934 que creó el Servicio Nacional de Radiodifusión, consideraba a radio y televisión con una función esencial y privativa del Estado[178]. El 28 de octubre de 1956[179] tendrá lugar la primera emisión televisiva en España, a través de la que sería conocida durante muchos años por Televisión Española. Los primeros años, y por cuestiones técnicas y de cobertura, solo podía sintonizarse en Madrid, pasando posteriormente a otros territorios, como Barcelona o Zaragoza. La televisión sería un medio de control y de divulgación de la labor de la dictadura franquista, con la función de justificar y blanquear al régimen dictatorial.

Tras el final de la dictadura, los partidos políticos democráticos tienen clara la importancia de los medios de comunicación social dependientes del Estado. Esto, se verá reflejado en los intensos debates parlamentarios acerca de la necesidad de constitucionalizar a los medios de comunicación social, con la finalidad de defender la libertad de información, y de controlarlos de forma parlamentaria, como se acredita por

---

178 SALVAT, M., *La televisión*, Salvat Editores, Barcelona, 1973, pág. 51-52.

179 Disponible en: www.rtve.es, consultado el 28 de enero de 2025.

las maratonianas sesiones parlamentarias. Lo anterior se verá reflejado, como ya estudiamos, en que dichas cuestiones sean plasmadas en la Constitución Española de 1978. En un primer momento, el Anteproyecto el artículo 20.5 del Anteproyecto, presentado ante la Comisión del Congreso de los Diputados, incluía un derecho de acceso a los medios de comunicación social, propiedad del Estado, pero no constando ningún elemento acerca del control parlamentario de estos. Serían dos votos particulares[180] presentados ante la Comisión de Asuntos Constitucionales del Congreso de los Diputados los que harían que en los debates del Pleno se concluyera la importancia de constitucionalizar finalmente el control parlamentario de los medios de comunicación social públicos. Así, la redacción del artículo 20.5 del Anteproyecto, quedaría finalmente plasmada en el artículo 20.3 CE así: "La ley regulará la organización y el control parlamentario de los medios de comunicación social dependientes del Estado o de cualquier ente público y garantizará el acceso a dichos medios de los grupos sociales y políticos significativos, respetando el pluralismo de la sociedad y de las diversas lenguas de España".

La primera norma preconstitucional que recoge una serie de directrices sobre la televisión pública es el Acuerdo sobre el Programa de Actuación Jurídica y Política, aprobado el 27 de octubre de 1977 y conocido más popularmente con el nombre de "Pactos de La Moncloa". Estos acuerdos fueron un hito en la historia de España, y prácticamente insólito en cualquier país democrático. La grave crisis económica que sufría España en 1977, el gobierno de España y los grupos parlamentarios con representación en las Cortes en ese momento, llevaron a

---

180 Votos formulados por el Grupo Socialista y la Minoría Catalana. Véase el Boletín Oficial de las Cortes nº 44, de 5 de enero de 1978.

cabo una serie de acuerdos[181] que se firmaron en el Palacio de la Moncloa, el 25 de octubre de 1977, cuatro meses después de las primeras elecciones democráticas. El Congreso y el Senado lo aprueban el 27 de octubre y el 11 de noviembre, respectivamente. El Pacto se compone de dos acuerdos, uno económico y otro político. En relación con el acuerdo económico, se adoptaron una serie de medidas encaminadas al saneamiento y reforma de la economía, fundamentales para afrontar la situación económica en la que estaba inmerso el país derivado de la crisis de los años 70. Por otro lado, se realiza un acuerdo para actuaciones jurídicas y políticas que no estuvo alejado de polémica, dado que vieron en el documento un criterio de oportunidad más que de necesidad real, reconociendo una serie de derechos que, posteriormente, se trasladarían al Código Penal y a la CE.

Los Acuerdos recogen, en relación con los medios de comunicación social de titularidad estatal, la creación de un Consejo provisional, que debía elaborar y proponer "un proyecto de Estatuto Jurídico de RTVE, incluyendo criterios y normas específicas sobre tratamiento regional de los programas y, en su caso, de los servicios. De igual forma debía asumir "provisionalmente la vigilancia de la objetividad informativa y del funcionamiento general de RTVE, en especial en los aspectos referentes al gasto". Lo que parece un gran avance, y más tras el control del gobierno franquista, aparentemente para democratizar y darle mayor transparencia al ente público radiotelevisivo, es-

---

[181] La negociación estuvo llevada a cabo por Enrique Fuentes Qintana, como vicepresidente del área económica y Fernando Abril Martorell, como vicepresidente del área política y los grupos parlamentarios con representación en las Cortes, Enrique Tierno Galván (PSP), Santiago Carrillo (PCE), José María Triginer (FSC), Joan Reventós (PSC), Felipe González (PSOE), Juan Ajuriaguerra (PNV), Adolfo Suárez (UCD), Manuel Fraga (AP), Leopoldo Calvo-Sotelo (UCD) y Miquel Roca (Minoría Catalana).

conde nuevamente una situación ventajista y privilegiada para el poder ejecutivo, puesto que se regula que la composición del Consejo Provisional se llevaría a cabo por personas designadas por el Gobierno y los parlamentarios, representantes de los distintos grupos, atiendo a criterios de proporcionalidad. Si realmente los representantes de todos los grupos, con representación parlamentaria, hubiesen querido acabar con ese germen dictatorial que rodeaba a los medios de comunicación y que significaba el monopolio[182] sobre los medios del Gobierno, habrían decidido que la composición del Consejo provisional fuese única y exclusivamente por las personas designadas por las Cortes Generales. De esta forma se dejaba patente la importancia de los medios de comunicación, y muy especialmente de la televisión para la democratización y su aplicación y uso para el futuro del país, al llegar a todos los estratos de la sociedad española.

La primera medida que se toma tras la adopción de los Pactos de La Moncloa es la aprobación del Real Decreto 2809/1977, de 2 de noviembre, por el que se crea el Consejo Rector Provisional de Radiotelevisión Española[183]. Su finalidad será la de constituir el Consejo Rector Provisional, que elaborará y presentará al Gobierno, para su remisión a las Cortes, el proyecto de Estatuto Jurídico de Radiotelevisión Española. Entre sus funciones estarán las de velar por la objetividad informativa y controlar los ingresos y gastos de Radiotelevisión Española. Compuesto, como señala su artículo 1 "por treinta y seis miembros, la mitad de los cuales serán nombrados por

---

182 *Vid.* ESTEBAN, J. y LÓPEZ GUERRA, L., "El fiasco televisivo", en *De la Dictadura a la Democracia (Diario político de un período constituyente),* Facultad de Derecho de la Universidad Complutense de Madrid, Madrid, 1979, págs. 374 y ss.

183 Publicado en el Boletín Oficial del Estado nº 272, de 14 de noviembre de 1977.

el Gobierno, siendo la otra mitad parlamentarios representantes de los distintos grupos elegidos con criterio proporcional", dando cumplimiento a esa composición paritaria que establecía el Acuerdo.

2. LA LEY 4/1980, DE 10 DE ENERO, DEL ESTATUTO DE LA RADIO Y LA TELEVISIÓN

La primera regulación jurídica[184] de los medios de comunicación en democracia, tras la dictadura franquista, se lleva a cabo mediante la Ley 4/1980, de 10 de enero, del Estatuto de la Radio y la Televisión[185] (en adelante LERT). Esta norma jurídica[186], actualmente derogada, serviría de normativa básica para el sector audiovisual y el punto de partida para todas las leyes posteriores que regulan los medios audiovisuales públicos. El Estatuto no estuvo alejado de polémica en su aspecto formal, puesto que al regular la radio y la televisión está vinculado de forma directa e inequívoca al derecho a la información recogido por el artículo 20 CE, y, por ende, atendiendo al artículo 81.1 CE, sería preciso que se hubiera aprobado el Estatuto mediante una ley orgánica y no a través de una ley ordinaria.

---

184 *Vid.* ORTEGA GUTIERREZ, D., *El derecho a la comunicación, un análisis jurídico-periodístico,* Centro de Estudios Ramón Areces, Madrid, 2011, págs. 249 y ss.

185 Publicada en el BOE nº 11, de 12 de enero de 1980.

186 *Vid.* GONZÁLEZ ENCINAR, J.J., "La televisión pública en España", en GONZÁLEZ ENCINAR, J. J.(ed.), *La televisión pública en España,* Mc Graw Hill, 1996, págs. 217-218.
CAMPOS FREIRE, F., y VALENCIA BERMÚDEZ, A., "Los retos de la gobernanza, financiación y valor de las radiotelevisiones públicas" en MARZAL FELICI, J., LÓPEZ RABADÁN, P. y IZQUIERDO CASTILLO, J. (edits.), *Los medios de comunicación públicos de proximidad en Europa,* Tirant, Valencia, 2018, págs. 140-141.

Pese a ello, nunca se llegó a interponer un recurso de inconstitucionalidad por este motivo.

La LERT supuso un cambio fundamental en la normativa que hasta ese momento había regulado la radio y televisión en España, fijando que la radiodifusión y la televisión son servicios públicos esenciales cuya titularidad corresponde al Estado. De esta forma quedaba previsto legamente que la televisión sería un monopolio estatal, dejando la posibilidad, a la vista del artículo 128.2 CE[187] aprobado posteriormente, que en el caso de la radio, podría ser gestionada indirectamente por empresas privadas.

Destaca[188] el artículo 4 LERT que fija los principios inspiradores de las actividades relativas a la radiodifusión y televisión[189] así como la previsión de que el Gobierno pueda cono-

---

187 "Se reconoce la iniciativa pública en la actividad económica. Mediante ley se podrá reservar al sector público recursos o servicios esenciales, especialmente en caso de monopolio, y asimismo acordar la intervención de empresas cuando así lo exigiere el interés general".

188 También recoge la Ley 4/1980, de 10 de enero, de Estatuto de la Radio y Televisión, entre otras, la designación parlamentaria de los miembros del Consejo de Administración del Ente público RTVE, respecto de los cuales se adoptan medidas tendentes a garantizar su profesionalidad y un alto grado de independencia; la distribución de competencias entre el Consejo de Administración, órgano de nueva creación, y el Director general; el acceso a los espacios de radiodifusión y televisión por parte de los grupos sociales y políticos más significativos; la regulación del derecho de rectificación que, por primera vez, se establece en nuestro ordenamiento jurídico para los medios de comunicación de masas que son objeto de esta Ley; la limitación y control de la publicidad, así como la creación, en fin, de una Comisión parlamentaria del Congreso de los Diputados para ejercer el control de la actuación de las tres Sociedades estatales dependientes del Ente público RTVE.

189 El artículo 4 señala: La actividad de los medios de comunicación social del Estado se inspirará en los siguientes principios:

cer a las Comunidades Autónomas, previa autorización de las Cortes Generales, la gestión directa de un canal de televisión de titularidad estatal que se cree específicamente para el ámbito territorial de cada Comunidad Autónoma, siendo esta disposición el precedente para que exista televisión pública autonómica. Entre las lagunas de la LERT nos encontramos que no incluye el contenido de la televisión, haciendo únicamente una definición del concepto técnico de lo que es radio y televisión, entendiendo por "radiodifusión la producción y difusión de sonidos mediante emisiones radioeléctricas a través de ondas o mediante cables, destinadas mediata o inmediatamente al público en general o bien a un sector del mismo, con fines políticos, religiosos, culturales, educativos, artísticos, informativos, comerciales, de mero recreo o publicitarios[190]".

Otro elemento importante de la LERT es que determina la organización interna del ente público RTVE, sus funciones, un sistema de control, así como su financiación, que se irá modificando posteriormente.

La LERT fue recurrida al Tribunal Constitucional, resolviéndose el conflicto mediante la STC 12/1982, de 31 de marzo (TOL78.988). El operador de servicios de comunicación

---

a) La objetividad, veracidad e imparcialidad de las informaciones.

b) La separación entre informaciones y opiniones, la identificación de quienes sustentan estas últimas y su libre expresión, con los límites del apartado 4 del artículo 20 de la Constitución.

c) El respeto al pluralismo político, religioso, social, cultural y lingüístico.

d) El respeto al honor, la fama, la vida privada de las personas y cuantos derechos y libertades reconoce la Constitución.

e) La protección de la juventud y de la infancia.

f) El respeto de los valores de igualdad recogidos en el artículo 14 de la Constitución.

190 Artículo 1.3 Ley 4/1980, de 10 de enero, del estatuto de la radio y la televisión.

audiovisual Antena 3 S.A. interpuso demanda de amparo ante el Tribunal Constitucional, al considerar que la LERT atentaba contra la libertad de empresa (artículo 38 CE) al haber establecido la ley un monopolio o gestión directa del servicio televisivo que debía ser gestionado "por el ente público denominado RTVE". Lo que el recurrente pretendía con este recurso era que la gestión del servicio público fuese indirecta, pudiendo así encomendarse o permitirse a entidades privadas, cualquiera que fuese la técnica del Derecho administrativo que se utilizara para ello.

Comienza reflexionando el Tribunal Constitucional acerca de los derechos de los derechos de libertad, y en concreto del reconocido por el artículo 20.1 CE que reconoce "expresar y difundir libremente los pensamientos, ideas y opiniones mediante la palabra, el escrito o cualquier otro medio de reproducción", y lo protege de injerencias o "intromisiones de las autoridades estatales en el proceso de comunicación". De esta manera es reconocido el papel fundamental del derecho a la libertad de expresión necesario para la formación de una opinión pública, personal y libre, clave en una democracia. De esta forma "el derecho a comunicar y recibir comunicación veraz y el derecho a comunicar y recibir ideas y opiniones son derechos de libertad frente al poder que hay que considerar comunes a todos los ciudadanos. En cuanto derecho de los ciudadanos se concreta en la realización de las posibilidades que literalmente el precepto reconoce, es decir, expresar y difundir pensamientos, ideas y opiniones por cualquier medio de reproducción. No hay inconveniente en entender que el derecho de difundir las ideas y opiniones comprende en principio el derecho de crear los medios materiales a través de los cuales la difusión se hace posible[191]".

---

191 FJ 3.

Considera el Tribunal Constitucional que el artículo 1.2 de la Ley 4/1980, de 10 de enero, que determina que la radiodifusión y la radiotelevisión son "servicios públicos esenciales" cuya titularidad corresponde al Estado, son fundamentados por el legislador dentro de su propia potestad. Determina así que tanto la televisión como la radiodifusión son un vehículo esencial de información y de participación política de los ciudadanos, de formación de la opinión pública, de cooperación con el sistema educativo, de difusión de la cultura española y de sus nacionalidades y regiones y de medio de contribución para que la libertad y la igualdad sean efectivas. De esta forma, no habiendo sido cuestionado por el recurrente el artículo 1.1 LERT, fija que la televisión es un servicio público, no puede de igual forma otorgarse el amparo solicitado por Antena 3 S.A., dado que determinar el sistema de gestión indirecta del servicio público de televisión requiere una decisión del legislador y un desarrollo legislativo que el Tribunal Constitucional no puede suplir. Así, se fija de forma clara y contundente como en un Estado de Derecho, no puede confundirse el poder legislativo y el judicial, indicando que el fallo judicial se fija conforme al análisis interpretativo que se hace de los textos anteriores y preparatorios de la propia CE. El hecho de estar constitucionalizado por el ordenamiento jurídico el control parlamentario de la televisión pública estatal, no conlleva a una interpretación extensiva del artículo para incluir dentro del artículo 20 CE, el derecho a una televisión privada, pero tampoco sería óbice para su implementación. Esta regulación de una televisión privada podría haber sido llevada por los mecanismos del artículo 81 CE, al estar afecto alguno de los derechos reconocidos por el artículo 20 CE, por vía de ley orgánica, pero dependía de una decisión política, que no se formalizó. De esta forma concluye la sentencia que debía desestimarse el recurso de amparo promovido por Antena 3 S.A.

La resolución judicial tuvo un voto particular que, analizaba una cuestión procedimental, determinando a juicio del ponente, que no debía haber sido deducible el recurso en vía de amparo. Así mismo, consideraba que la interpretación del artículo 20 CE debía ser extensible y no restrictivo como la sentencia había determinado, indicando que "el monopolio estatal de la televisión no es constitucionalmente legítimo y que, en consecuencia, los particulares tienen derecho a crear y operar emisoras de televisión en los términos que establezca la correspondiente Ley, la cual, en cuanto desarrolla un derecho fundamental, ha de ser Ley orgánica". Este voto particular refleja lo que posteriormente se introducirá en las leyes audiovisuales.

En este mismo sentido, y por similares hechos, se interpuso recurso de amparo nº 390/1981, que sería resuelto por la STC 74/1982, de 7 de diciembre de 1982[192]. El recurrente interpuso recurso de amparo contra las resoluciones desestimatorias presuntas, por silencio administrativo, del Ministerio de la Presidencia, sobre escritos en que se postulaba su derecho a comunicar libremente información veraz a través de ondas electromagnéticas, así como por sistema de cable o transmisión, libertad de expresión reconocida en el art. 20 CE, con la finalidad de llevar a cabo la instauración de una televisión por cable.

Como ya se sostenía en la STC 12/1982, de 31 de marzo (TOL78.988), la llamada televisión privada no está necesariamente impuesta por el art. 20 CE, aunque no está tampoco constitucionalmente impedida. Su implantación no es una exigencia jurídico-constitucional, sino una decisión política que puede adoptarse, dentro del marco de la Constitución, por lo que sólo esta Ley podrá considerar el conjunto de los problemas suscitados y darles una solución armónica.

---

192 Publicada en el BOE nº 13, de 15 de enero de 1983.

3. LEY 46/1983, DE 26 DE DICIEMBRE, DE REGULACIÓN DEL TERCER CANAL DE TELEVISIÓN

La LERT dejaba abierta la posibilidad de que se llevara a cabo la gestión directa del servicio de televisión[193] por las comunidades autónomas[194].

De esta forma, la Ley 46/1983, de 26 de diciembre, de regulación del tercer canal de televisión (en adelante LTC), fue el instrumento para materializar esta habilitación de la LERT, estableciendo el artículo 1: "Se autoriza al Gobierno para que tome las medidas necesarias para la puesta en funcionamiento de un tercer canal de televisión de titularidad estatal y para otorgarlo, en régimen de concesión, en el ámbito territorial de cada Comunidad Autónoma, previa solicitud de los órganos de gobierno de éstas, y en los términos previstos en los respectivos Estatutos de Autonomía, en el Estatuto de la Radio y la Televisión, en sus disposiciones complementarias de orden técnico y en la presente Ley".

Se abría la posibilidad legal a que los territorios constituidos como Comunidades Autónomas puedan, dentro de su ámbito territorial, gestionar la radiotelevisión pública. Como luego estudiaremos, debía también estar expresamente recogido en los Estatutos de Autonomía, llevándose a cabo el servicio de comunicación audiovisual autonómico en régimen de gestión directa.

---

193 *Vid.* COUSIDO GONZÁLEZ., M P., Derecho de la comunicación audiovisual y de las telecomunicaciones, Colex, Madrid, 2001, págs. 245 y ss.

194 El artículo 2.2 de la Ley 4/1980, de 10 de enero, permitía al Gobierno la posibilidad de conceder a las Comunidades Autónomas, previa autorización de las Cortes Generales, la gestión directa de un canal de televisión de titularidad estatal que se crease específicamente para el ámbito territorial de la Comunidad Autónoma.

La instauración del tercer canal en los territorios autonómicos implicaba el respeto de los principios constitucionales, que la propia LTC plasma en su artículo 5[195], al recoger directamente que los principios que deben inspirarlos son:

a) La objetividad, veracidad e imparcialidad de las informaciones.

b) La separación entre informaciones y opiniones, la identificación de quienes sustenten estas últimas y su libre expresión con los límites del apartado cuarto del artículo 20 de la Constitución.

c) El respeto al pluralismo político, religioso, social, cultural y lingüístico.

d) El respeto al honor, la fama, la vida privada de las personas y cuantos derechos y libertades reconoce la Constitución.

e) La protección de la juventud y de la infancia.

f) El respeto a los valores de igualdad recogidos en el artículo 14 de la Constitución.

De igual manera, y siendo una concesión pública, se introduce que el organismo que lleve a cabo la gestión del tercer canal de cada Comunidad Autónoma debe abonar un canon anual por la utilización de la red atendiendo a los costes de mantenimiento, explotación, amortización de los equipos y de la parte proporcional de la infraestructura.

4. LEY 10/1988, DE 3 DE MAYO, DE LA TELEVISIÓN PRIVADA

La Ley 10/1988, de 3 de mayo, pese a que se denomina de televisión privada, nada tiene que ver con su objeto, dado

---

195 Es una transcripción literal del artículo 4 de la Ley 4/1980, de 10 de enero, de Estatuto de la Radio y la Televisión.

que en realidad regula "la gestión indirecta del servicio público esencial de la televisión, cuya titularidad corresponde al Estado[196]".

La gestión directa sería llevada a cabo por sociedades anónimas, en régimen de concesión administrativa. Respecto a esas sociedades, se menciona por la Ley 10/1988, de 3 de mayo, de televisión privada, la LERT, al indicar que deben asumir los principios inspiradores recogido en el artículo 4 de la Ley 4/1980, de 10 de enero, de Estatuto de la Radio y la Televisión. De igual manera, se fijaba que un Plan Técnico[197] regularía las condiciones de carácter técnico necesarias para garantizar la prestación del servicio y que debía incluir el:

a) Sistemas de transporte y difusión de señales previstos para la prestación del servicio por parte de las sociedades concesionarias.

b) Bandas, canales, frecuencias y potencias reservadas para la emisión de los programas de tales sociedades, así como emplazamientos y diagramas de radiación de los centros emisores y reemisores.

c) La delimitación de las zonas territoriales.

El Plan Técnico optará por la elección de la infraestructura de la red de RTVE como soporte de la red de televisión privada, fundándose básicamente en razones de economía, tanto respecto de las inversiones necesarias como del potencial telespectador. De igual forma, contempló la utilización de tecnología digital con la finalidad de evitar la implantación de otras que en el momento de la puesta en funcionamiento resultasen ya obsoletas, como para una racionalización del uso del dominio público radioeléctrico y otorgamiento de mayores facilida-

---

196 Artículo 1.

197 Aprobado por el RD 1362/1988, de 11 de noviembre.

des para futuras prestaciones de la red que se instala. Así las cosas, se inclina por adoptar una solución de transición mediante el alquiler de capacidad de transmisión a bordo de satélite, en tanto se procediera a la instalación de una red definitiva.

Se preveía que la concesión se otorgaría por un plazo de diez años, pudiendo ser renovada por el Gobierno sucesivamente por periodos iguales[198], y siendo de explotación directa, no pudiendo transferirse[199]. La Ley 10/1988, de 3 de mayo imponía obligaciones a las sociedades concesionarias relativas a la programación[200], debiendo cumplir con cuotas de pantalla y también relativas a la publicidad[201]. Otro elemento destacado de esta ley fue que recogía y graduaba las infracciones, es-

---

198 Artículo 11.

199 Artículo 12.

200 El artículo 14, en su apartado 2 señala la programación emitida deberá respetar los siguientes porcentajes, mínimos y compatibles, de producción:
a) El 15 por 100 de producción propia del titular de la concesión.
b) El 40 por 100 de producción originaria en países integrantes de las Comunidades Europeas.
Asimismo, el 55 por 100 de la programación emitida deberá ser en versión originaria española.
El apartado 4 recoge que el 40 por 100 de las películas comerciales emitidas en la programación mensual deberá ser de producción originaria en países integrantes de las Comunidades Europeas, y dentro de ella, el 50 por 100, al menos, en expresión originaria española. En ningún caso podrán emitirse películas comerciales hasta transcurridos dos años desde su estreno en España en una sala comercial de exhibición cinematográfica o, si no hubiera sido estrenada en España, hasta transcurridos dos años desde el de su producción, salvo que se hubiera realizado a los solos efectos de su exhibición por televisión, o hubiera sido producida, en un porcentaje superior al 30 por 100 de su coste, por el titular de la correspondiente concesión.

201 La publicidad emitida por los titulares de las concesiones no podrá ser superior al 10 por 100 del total de horas de la programación anual. En ningún caso, el tiempo de emisión destinado a publicidad podrá

tableciendo igualmente las sanciones que llevaban aparejadas aquellas.

En 1988 contra esta ley se presentaron los recursos de inconstitucionalidad nº 1.363, 1.364, 1.412 y 1.430, promovidos por el Consejo Ejecutivo de Cataluña, así como por su Asamblea legislativa, además de por la Asamblea legislativa vasca y por el Grupo Parlamentario Popular en las Cortes de España, resolviéndose por la STC 127/1994, de 5 de mayo[202].

Determina el TC que establecer una serie de previsiones en "las condiciones y la regulación del régimen jurídico de un sistema de emisiones con cobertura nacional por sociedades concesionarias y en gestión indirecta del servicio público esencial de televisión es una modalidad de ejercicio -de entre las constitucionalmente posibles- de los derechos fundamentales reconocidos en el art. 20.1 de la Constitución y, al tiempo, un presupuesto mediante la regulación de las condiciones que hacen posible y efectivo el ejercicio de esos derechos (art. 53.1 de la Constitución); y no realmente un desarrollo directo, global o en aspectos esenciales, de tales derechos fundamentales, que es lo que la Constitución reserva a la Ley Orgánica en su art. 81.1.; ni tampoco una delimitación negativa o restricción de los derechos fundamentales del art. 20.1 de la Constitución, que debiera venir cubierta por Ley Orgánica, pues de la misma no se deduce necesariamente una exclusión de las modalidades televisivas no reguladas[203]". Como bien indica el TC, una cosa es desarrollar de modo directo los derechos fundamentales en conflicto, y otra muy distinta, regular una de las modalidades posibles para el ejercicio de los derechos fundamentales en juego y en lo que aquí respecta, la regulación del régimen

ser superior a diez minutos dentro de cada hora de programación (artículo 15).

202 Publicada en el BOE nº 129, de 31 de mayo de 1994.

203 FJ 4.

jurídico de las concesiones. Al hilo de esta sentencia, determina que como ya recogiera en otras, en concreto en la STC 12/1982 (TOL78.988), la televisión es un servicio público esencial, "un vehículo esencial de información y participación política de los ciudadanos, de formación de la opinión pública, de cooperación con el sistema educativo, de difusión de la cultura española y de sus nacionalidades y regiones, y medio de contribución para que la libertad y la igualdad sean reales y efectivas[204]".

Los recurrentes consideraban que un servicio público cuya gestión indirecta se realizara por sociedades anónimas en régimen de concesión administrativa, implicaba una invasión de la libertad de empresa y de la iniciativa privada constitucionalmente reconocidas. Este motivo no era nuevo para el TC, dado que ya se había pronunciado en otras sentencias, como en la STC 74/1982[205].

La declaración de la televisión como servicio público no es contraria, en sí misma y sin necesidad de mayores razonamientos, a la Constitución; ningún precepto constitucional la impide expresa o tácitamente. Es, pues, una opción, entre otras constitucionalmente posibles, que puede tomar el legislador, encontrándose dentro de las potestades del legislador en su libertad de configuración normativa, convirtiéndose en una de entre las varias opciones constitucionalmente lícitas.

La sentencia no fue adoptada por unanimidad, existiendo cuatro votos particulares[206]. Todos ellos confluyen en que la Ley 10/1988, de 3 de mayo, de televisión privada debía ser de-

---

204 FJ 4 de la STC 12/1982, de 31 de marzo, publicada en el BOE nº 95, de 21 de abril de 1982.

205 SSTC 35/1983, 106/1986, 206/1990, 119/1991, 31/1994.

206 Al voto particular de particular del Magistrado don Pedro Cruz Villalón se adhieren los Magistrados don Rafael de Mendizábal Allende y don Julio Diego González Campos.

clarada inconstitucional. Consideran que la forma que debía haber debido adoptar la norma jurídica impugnada era de una ley orgánica, y no de una ley ordinaria, al regular a su juicio, determinados aspectos que deben ser regulados por ley orgánica. Como indica el magistrado Luis López Guerra, "no cabe interpretar extensivamente el mandato del art. 81.1 de la Constitución, pues ello llevaría a una petrificación de gran parte del ordenamiento, que quedaría sometida, para su eventual alteración, al cumplimiento de requisitos más difíciles y gravosos que los correspondientes al funcionamiento normal u ordinario de las Cámaras legislativas". Pero no es menos cierto, que, en el caso concreto que nos ocupa, estando afecto el desarrollo y la efectividad del artículo 20.1 CE, que reconoce el derecho a informar y comunicar, estarse a lo establecido por el artículo 81.1 CE y ser aprobadas las disposiciones mediante ley orgánica.

5. LEY 17/2006, DE 5 DE JUNIO, DE LA RADIO Y LA TELEVISIÓN DE TITULARIDAD ESTATAL

En el año 2004, el Gobierno de España considera que el marco normativo de los medios de comunicación, en concreto, la Ley 4/1980, de 10 de enero, no reflejaba fidedignamente el mandato constitucional del artículo 20.3 CE. Este apartado recoge que la ley regulará la organización y el control parlamentario de los medios de comunicación social dependientes del estado o de cualquier ente público y garantizará el acceso a dichos medios de los grupos sociales y políticos significativos, respetando el pluralismo de la sociedad y de las diversas lenguas de España. Bajo esta justificación, se aprueba el Real Decreto 744/2004, de 23 de abril, por el que se crea el Consejo para la reforma de los medios de comunicación de titularidad del Estado[207].

Este Consejo[208] era independiente, integrado por personas de reconocida competencia, con la finalidad de elaborar un informe con propuestas para articular de una forma efectiva y eficiente a la radio televisión pública, así como adaptar los contenidos de programación de forma idónea a la realidad del momento y con una financiación adecuada y solvente. En última instancia también se pretendía un control independiente para así garantizar la veracidad de la información, el pluralismo cultural y la participación ciudadana.

El Real Decreto 744/2004, de 23 de abril, contemplaba que el mismo estaría compuesto[209] por un presidente y cuatro vocales, fijando de forma expresa quienes eran sus componentes, así como fijando un plazo máximo de nueve meses[210] desde su creación para la elaboración y emisión de un informe al Gobierno, para que así se llevaran a cabo las modificaciones

---

207 Publicado en el BOE nº 100, de 24 de abril de 2004.

208 *Vid.* LÓPEZ CEPEDA, A. M., *Nuevos y viejos paradigmas de la Televisión Pública*, Comunicación Social Ediciones y Publicaciones, Salamanca, 2015, págs. 41 y ss.

209 El Consejo estaba compuesto por:
a) Presidente: don Emilio Lledó Íñigo.
b) Vocales:
Don Emilio Bustamante Garrido.
Doña Victoria Camps Cervera.
Don Fernando González Urbaneja.
Don Fernando Fernández Savater.

210 El artículo 2 establecía que el Consejo dará traslado de su informe como propuesta al Gobierno, a través de la vicepresidenta Primera del Gobierno y Ministra de la Presidencia, para su ulterior traducción en las disposiciones normativas que permitan hacer efectivo su contenido.

legislativas oportunas. Una vez emitido el informe la norma preveía la extinción del Consejo[211].

El Informe considera que el Estatuto de 1980 supuso un avance importante cuando se aprobó, pero no fue concebido para regular la posibilidad de la existencia de un régimen de gestión audiovisual combinado entre lo público y lo privado. aunque supuso un avance importante en su momento, no fue concebido para un régimen mixto de concurrencia público-privada. Además de lo anterior, también debía adaptarse de forma eficaz a los cambios que se habían producido desde su aprobación. El Informe se divide en un Preámbulo, cuatro capítulos divididos en diversos apartados, así como unas conclusiones, así como un voto discrepante de uno de los vocales del Consejo con el Informe de reforma de los medios de comunicación de titularidad del Estado. Este voto discrepante se debió al modelo de financiación propuesto por el Consejo, que no compartía el vocal, experto en financiación y propuesto por el Ministerio de Economía y Hacienda.

Entre las deficiencias que el Informe plantea, y que debían ser subsanadas destacan a nuestro juicio las siguientes:

- Indefinición de las señas características de servicio público en los contenidos de sus emisiones.
- Excesiva presión comercial sobre la programación, que ha conducido a la saturación publicitaria y a una escasa diferenciación respecto a las televisiones privadas.
- Estructura societaria anómala, que ha propiciado una gestión carente de objetivos claros, impidiendo su evaluación adecuada y la atribución de responsabilidades a los administradores.

---

211 Artículo 6.

- Sistema de nombramiento gubernamental del director general, que lo sitúa bajo la continua sospecha de intervencionismo.
- Control débil y deficiente, por inoperancia de los organismos previstos (especialmente, el Consejo de Administración) y por la inexistencia de un Consejo Audiovisual homologable a los vigentes en la Unión Europea.
- Modelo financiero inadecuado, sostenido por el endeudamiento, e inaceptable en el marco europeo.

Para subsanar las carencias que el Consejo había analizado, se propusieron una serie de medidas para ayudar al legislador a llevar a cabo una serie de cambios normativos, como luego se plasmaría en la Ley 17/2006, de 5 de junio, de la radio y la televisión de titularidad estatal. Entre las propuestas[212] para el nuevo modelo de radio y televisión estatales se encontraban los siguientes puntos más destacables:

- La existencia, organización y financiación del servicio público integral en la comunicación y la información, con atención a sus principios de proporcionalidad y transparencia financieras respecto a las misiones encomendadas, está avalada de manera amplia y suficiente por la doctrina legal y la jurisprudencia europeas. Ni los cambios tecnológicos ni la internacionalización mediática debilitan la necesidad de unos medios gestionados públicamente.
- La misión de servicio público debe enmarcarse en el artículo 20 de la Constitución, que establece el derecho a la libertad de expresión y los límites de este. Debe también

212 Véase el Informe de reforma de los medios de comunicación de titularidad del Estado, págs. 207 y ss. Disponible en la web del Ministerio de la Presidencia, www.mpr.es, consultado el 28 de enero de 2025.

vincularse a la defensa y el fomento de otros valores y principios constitucionales: la igualdad de los ciudadanos, el pluralismo y la participación democráticas, la cohesión y articulación del Estado español, y el derecho a la educación y la cultura, mediante las Instituciones e instrumentos que promuevan estos ideales.

- La definición clara de unos objetivos de servicio público, acorde con las directrices de la Unión Europea, y que distinga los medios públicos de los privados, justifica plenamente la tutela del Estado sobre aquéllos. Esto implica perseguir prioritariamente una rentabilidad social, sin abandonar los criterios de sostenibilidad económica.
- Ofrecer unos contenidos de servicio público que abarquen la información, la cultura, la educación y el entretenimiento, respetando el pluralismo y la atención expresa a los sectores sociales que más lo necesitan, todo ello con una especial exigencia de calidad, así como de respeto a la dignidad de las personas y a la protección de la infancia.
- Impulsar especialmente la producción propia de programas de televisión. Al mismo tiempo, la radiotelevisión pública ha de ser uno de los motores de la industria audiovisual española y deberá promover la coproducción independiente, europea e iberoamericana.
- Dedicar más esfuerzo a la proyección exterior de la lengua y la cultura españolas, fomentando una mayor cooperación de la radiotelevisión pública española con otros países, en especial con los de la Unión Europea e Iberoamérica, así como a la presencia de España en las relaciones internacionales.
- Regular el derecho constitucional de acceso de los grupos sociales y políticos significativos a los medios públi-

cos, como elemento fundamental de la participación ciudadana.

- La Corporación RTVE y la Agencia EFE deberán constituirse como entidades jurídicas autónomas, dentro del marco legal español vigente para la Administración Pública. Contarán con independencia gerencial y editorial respecto al poder ejecutivo, con dimensiones estrictamente ajustadas al cumplimiento de la misión de servicio público, y sin perjuicio de la agilidad necesaria para estimular su responsabilidad y su dinamismo en las actuaciones mercantiles.
- Consejos de Administración para RTVE y para la Agencia EFE, con plena capacidad de control de la gestión, elegidos por diversas instancias, para aumentar su pluralismo, con mandatos superiores a una legislatura, irrevocables y no prorrogables, a fin de reforzar su independencia. Sus componentes deberán ser personas de reconocida competencia en el ámbito de la comunicación, con dedicación exclusiva y sometidas a un estricto régimen de incompatibilidades.
- Directores Generales elegidos, previa convocatoria pública, por los respectivos Consejos de Administración. Serán responsables del logro de los compromisos de servicio público ante los propios Consejos y las autoridades establecidas (Consejo Audiovisual, en su caso, y una nueva Comisión parlamentaria de control de los medios estatales).
- Participación sistemática de los informadores (mediante Estatutos y Consejos de Redacción), para salvaguardar la independencia del servicio público; y atención permanente a la sociedad civil, a través de Consejos Asesores representativos, con la presencia y operatividad necesarias.

La Ley 4/1980, de 10 de enero, del estatuto de la radio y la televisión necesitaba ser modificada y adaptarla a las novedades audiovisuales y corregir los defectos u omisiones que, con el transcurso de los años, había dejado latente la norma. Con la ayuda del Informe para la reforma de los medios del Estado[213] se lleva a cabo la redacción y posterior aprobación de la Ley 17/2006, de 5 de junio, de la radio y la televisión de titularidad estatal (en adelante LRTVE) que derogó la ley anteriormente reseñada[214].

La LRTVE sigue manteniendo una idéntica redacción a la LERT que derogó, manteniendo que el objeto de la norma jurídica es "definir el servicio público de radio y de televisión de titularidad del Estado y establecer el régimen jurídico de las entidades a las que se encomienda la prestación de dichos servicios públicos[215]". La nueva norma amplia de forma considerable el concepto de servicio público de radio y televisión de titularidad del Estado, abarcando también la producción de contenidos y la edición y difusión de canales generalistas y temáticos, en abierto o codificados, en el ámbito nacional e internacional, así como la oferta de servicios conexos o interactivos[216]. En relación con la producción y edición de contenidos propios la LRTVE establece que no podrán ser cedidos a terceros. El ente público RTVE, creado por la LERT, da paso al nuevo ente denominado Corporación RTVE así como a sus sociedades filiales, que será el encargado de llevar a cabo el servicio público estatal de televisión y radio, con una programación de calidad y el fomento de la producción española y europea.

---

213 Se toman en consideración gran parte de las recomendaciones, pero no su totalidad.

214 Disposición derogatoria única.

215 Artículo 1.

216 Artículo 2.2.

Los medios audiovisuales de titularidad pública cumplen una función, como ya hemos indicado, de servicio público debiendo conjugarse así criterios de eficacia y calidad con los de posibilitar el acceso de a los grupos sociales, fomentar la cultura y participación. Para todo ello, es necesario una financiación que permita cumplir con todas las directrices que se establecen para el servicio público debiendo dotarse de medios económicos suficientes para que pueda ser llevado a cabo. Se establece una financiación mixta, que se lleva a cabo medios dos elementos, el principal es una subvención pública, dentro de unos límites basados en la transparencia y la proporcionalidad; y otra parte, derivada de su actividad comercial sujetos a principios de mercado. Se deja la posibilidad a que se establezcan reglas adicionales en cuanto a la emisión de publicidad comercial, que como posteriormente sucederá acabará extinguida de los medios audiovisuales públicos[217].

Esta financiación inicialmente mixta era importante porque suponía una independencia financiera del sector audiovisual público, siendo sufragado a través de los Presupuestos Generales del Estado, así como de los ingresos derivados del sector publicitario. La situación cambia con la aprobación de la Ley, dado que la Directiva Europea 2007/65/CE del Parlamento Europeo y del Consejo de 11 de diciembre, que deberá ser incorporada a la legislación española antes de finalizar este mismo año, mantenía el límite de doce minutos por hora de reloj para la emisión de publicidad. Estableciendo la LERTV que podrían incorporarse nuevas restricciones en lo relativo al límite de tiempo publicitario, se fue más allá, y en los Presupuestos Generales del Estado de 2007, 2008 y 2009, se redujo

---

[217] El artículo 32.2 contemplaba que el contrato-programa debía incorporar restricciones adicionales a las establecidas con carácter general en la Ley 25/1994, de 12 de julio, para la emisión de publicidad televisiva.

el tope máximo de emisión publicitaria para la Corporación en diez minutos por hora de reloj.

Correlativamente, y en aras del mantenimiento del equilibrio presupuestario, fue preciso compensar el consecuente descenso de ingresos derivados de la actividad publicitaria con fondos públicos, aprobándose para ello la Ley 8/2009, de 28 de agosto, de financiación de la Corporación de Radio y Televisión Española[218], siendo una ruptura con el anterior sistema de financiación. Como señala el Preámbulo de la ley, el "modelo de financiación de RTVE, renuncia definitiva e inmediatamente a los ingresos publicitarios y pasar a un sistema único de financiación basado en ingresos públicos, amortiguando situaciones de inestabilidad propias de los procesos de transición y consiguiendo que los efectos de la reducción publicitaria en RTVE se dejen sentir lo antes posible en el mercado televisivo". De igual manera la ley restringe la posibilidad de que pueda llevarse a cabo un negocio de contenidos de pago o de servicios de acceso condicionado para garantizar que el mayor número de ciudadanos puedan acceder al servicio público de radio, televisión y servicios conexos e interactivos. La ley[219] establece una obligación para los prestadores de servicios privados de televisión y telecomunicaciones para financiar la televisión pública[220]. El porcentaje que deben aportar los operadores[221] son del 3% para los de televisión comercial en abierto; del 1,5%, para los operadores de televisión de pago; y del 0'9% para los de telecomunicaciones.

---

218 Publicada en el BOE nº 210, de 31 de agosto de 2009.

219 El Real Decreto 1004/2010, de 5 de agosto, desarrollará la Ley 8/2009, de 28 de agosto, de financiación de la Corporación de Radio y Televisión Española.

220 Utiliza así España el modelo usado por otros países de nuestro entorno.

221 Artículo 6.

Los objetivos de servicio público encomendados a la Corporación RTVE se llevan a cabo a través de una serie de instrumentos necesarias para su consecución, pero sin obviar el control y transparencia, como son:

- Un mandato-marco: con una duración de ocho años, será aprobado por las Cortes Generales, concretando los objetivos generales de la función de servicio público que tiene encomendados.
- Contrato-programa[222]: su función es desarrollar los objetivos fijados en los mandato-marco en el ejercicio del servicio público que realiza, así como dotarlo de medios presupuestarios suficientes para atender a las necesidades de las funciones encomendadas, previo informe de la autoridad audiovisual y una vez informadas las Cortes Generales. Será acordado por el Gobierno junto con la Corporación RTVE y teniendo una duración de cuatro años.
- Auditoría externa: las cuentas anuales de la Corporación RTVE y las de las sociedades en las que participe, directa o indirectamente, de forma mayoritaria deberán de ser

---

222 Como determina el artículo 32 recogerá al menos los siguientes extremos:

a) Los objetivos específicos a desarrollar por la Corporación en el ejercicio de la función de servicio público encomendada por el Estado para un período de cuatro años prorrogable.

b) Las aportaciones con cargo a los Presupuestos Generales del Estado destinadas a la prestación del servicio público de radio y televisión.

c) Los medios a emplear para adaptar los objetivos acordados a las variaciones del entorno económico, garantizando siempre el cumplimiento del mandato marco.

d) Los efectos que han de derivarse del incumplimiento de los compromisos acordados.

e) El control de la ejecución del contrato-programa y de los resultados derivados de su aplicación.

revisadas[223]. De igual forma, la Intervención General de la Administración del Estado ejercerá las funciones de control.

- Sistema de contabilidad analítica: la función de este tipo de contabilidad es conocer con exactitud las cuentas de las actividades de servicio público desarrolladas para determinar el coste neto del servicio público prestado[224].
- Autoridad audiovisual: podrá llevar a cabo recomendaciones o resoluciones orientadas al cumplimiento del servicio público encomendado a la Corporación RTVE[225].
- Tribunal de Cuentas: le corresponde el control externo de la Corporación RTVE y las sociedades en las que participe, ya sea directa o indirectamente, de forma mayoritaria[226].

Estos controles ya venían recogidos en la anterior ley, salvo el que puede llevar a cabo la autoridad audiovisual, pero se limita a enunciarlo, sin determinar cuál será, si dispondrá de capacidad sancionadora... un buen manifiesto de intenciones el que recoge la ley, pero sin fuerza jurídica suficiente.

La LRTVE introduce otras importantes novedades relativas al sistema de elección en la Presidencia de la Corporación RTVE, siendo ahora el encargado el Congreso de los Diputados "de entre los diez consejeros electos, al que desempeñará el cargo de presidente de la Corporación RTVE y del Conse-

---

223 Artículo 37.2.

224 Así lo regulan los artículos 33 y 37.5.

225 Artículo 40.

226 Artículo 41.

jo[227]" por mayoría de dos tercios de la Cámara[228]. La duración del mandato se ha visto modificada para así no coincidir con el periodo de duración[229] de la legislatura, e intentar la independencia a la hora de llevar a cabo la elección y votación de las personas integrantes del Consejo de Administración.

6. LEY 7/2010, DE 31 DE MARZO, GENERAL DE LA COMUNICACIÓN AUDIOVISUAL

Ante el auge tecnológico y la importancia del mercado audiovisual es necesario dotar al sistema de una norma jurídica moderna, que se adapte a su tiempo regulando el sector audiovisual español, llevando a cabo la transposición de la Directiva 2007/65/CE de Servicios de Comunicación Audiovisual del Parlamento Europeo y del Consejo de 11 de diciembre del 2007 que doten al sistema de un régimen básico, por lo que se aprueba la Ley 7/2010, de 31 de marzo, General de la Comunicación Audiovisual[230].

---

227 Artículo 11.4. Anteriormente, en la Ley 4/1980, la presidencia era puramente funcional, ejerciéndose según el artículo 7.5, de forma rotativa por meses entre sus miembros.

228 *Vid.* RUIZ DE APODACA ESPINOSA, A., en "La nueva corporación RTVE y su configuración en la Ley 17/2006, de 5 de junio, de la Radio y Televisión estatal", en *Organización y Procedimientos administrativos. Libro Homenaje al Profesor F. González Navarro* (J. F. ALENZA GARCÍA y J. A. RAZQUÍN LIZARRAGA, Dirs.), Aranzadi, 2007, págs. 381 a 384, el cual es bastante crítico con este sistema de mayorías, considerando que la despolitización que pretendía esta ley no ha llegado de forma efectiva con el sistema de mayorías que se requiere para la elección del Consejo de Administración de la Corporación RTVE.

229 Determina el artículo 12 que el mandato de los consejeros será de seis años contados desde su nombramiento, no pudiendo renovar.

230 Publicada en el BOE nº 79, de 1 de abril de 2010.

El sistema de televisión digital terrestre (TDT), la alta definición y el sistema de movilidad conllevan a que la normativa jurídica audiovisual española deba adaptarse y modernizarse, y así también fijar unas reglas claras y unificadas (ante tanta dispersión normativa) para la convivencia del sector audiovisual público con el privado. El legislador busca en esta ley "norma básica no sólo para el sector privado sino también para el público fijando, con el más absoluto respeto competencial que marca nuestra Constitución, los principios mínimos que deben inspirar la presencia en el sector audiovisual de organismos públicos prestadores del servicio público de radio, televisión y servicios interactivos. Principios inspirados en la normativa y recomendaciones comunitarias sobre financiación pública compatible con el Tratado Constitutivo de la Comunidad Europea, control independiente a través de organismos reguladores y garantía y protección de derechos".

El objeto de la Ley 7/2010, de 31 de marzo, General de la Comunicación Audiovisual es regular "la comunicación audiovisual de cobertura estatal y establece las normas básicas en materia audiovisual sin perjuicio de las competencias reservadas a las Comunidades Autónomas y a los Entes Locales en sus respectivos ámbitos[231]". Además de definir un amplio catálogo de definiciones se establece una normativa básica para la comunicación audiovisual, donde se enumeran multitud de derechos de los ciudadanos que visionen o escuchen los medios audiovisuales. Reconoce el derecho a recibir una comunicación audiovisual plural[232], el derecho a la diversidad cultural y

---

231 Artículo 1.

232 El artículo 4 determina que:
1. Todas las personas tienen el derecho a que la comunicación audiovisual se preste a través de una pluralidad de medios, tanto públicos, comerciales como comunitarios que reflejen el pluralismo ideológico, político y cultural de la sociedad. Además, todas las personas tienen el derecho a que la comunicación audiovisual se preste a través

lingüística, el derecho a una comunicación audiovisual transparente, el derecho a la participación en el control de los contenidos audiovisuales, así como los derechos de los menores y de las personas con discapacidad. De igual manera, se regulan los derechos de los prestadores del servicio de comunicación audiovisual, así como un amplio régimen sancionador.

---

de una diversidad de fuentes y de contenidos y a la existencia de diferentes ámbitos de cobertura, acordes con la organización territorial del Estado. Esta prestación plural debe asegurar una comunicación audiovisual cuya programación incluya distintos géneros y atienda a los diversos intereses de la sociedad, especialmente cuando se realice a través de prestadores de titularidad pública.
Reglamentariamente se determinarán los requisitos y condiciones en que deberán prestarse los servicios audiovisuales de pago.
2. La comunicación audiovisual nunca podrá incitar al odio o a la discriminación por razón de género o cualquier circunstancia personal o social y debe ser respetuosa con la dignidad humana y los valores constitucionales, con especial atención a la erradicación de conductas favorecedoras de situaciones de desigualdad de las mujeres.
3. Los operadores de servicios de comunicación audiovisual promoverán el conocimiento y la difusión de las lenguas oficiales en el Estado y de sus expresiones culturales. En este sentido, los operadores de titularidad pública contribuirán a la promoción de la industria cultural, en especial a la de creaciones audiovisuales vinculadas a las distintas lenguas y culturas existentes en el Estado.
4. La comunicación audiovisual debe respetar el honor, la intimidad y la propia imagen de las personas y garantizar los derechos de rectificación y réplica. Todo ello en los términos previstos por la normativa vigente.
5. Todas las personas tienen el derecho a que la comunicación informativa se elabore de acuerdo con el deber de diligencia en la comprobación de la veracidad de la información y a que sea respetuosa con el pluralismo político, social y cultural.
6. Todas las personas tienen el derecho a ser informados de los acontecimientos de interés general y a recibir de forma claramente diferenciada la información de la opinión.

La Ley 7/2010, de 31 de marzo, General de Comunicación Audiovisual dedica su Título IV a la normativa básica del Servicio Público de radio, televisión y oferta interactiva. Determina entre los objetivos generales que debe buscar este servicio público los de: difundir contenidos que fomenten los valores constitucionales, la formación de opinión pública plural, la diversidad lingüística y cultural y la difusión del conocimiento y las artes, así como la atención a las minorías. El artículo 41 establece que estos objetivos deben ser concretados cada nueve años por el Congreso, las Asambleas legislativas de las Comunidades Autónomas o las entidades locales.

El artículo 40, ubicado dentro del Título IV, define el servicio público de comunicación audiovisual como un servicio esencial de interés económico general que tiene como misión difundir contenidos que fomenten los principios y valores constitucionales, contribuir a la formación de una opinión pública plural, dar a conocer la diversidad cultural y lingüística de España, y difundir el conocimiento y las artes, con especial incidencia en el fomento de una cultura audiovisual. Asimismo, los prestadores del servicio público de comunicación audiovisual deben atender a aquellos ciudadanos y grupos sociales que no son destinatarios de la programación mayoritaria.

El Estado, las comunidades autónomas y las entidades locales podrán acordar la prestación del servicio público de comunicación audiovisual con objeto de emitir en abierto canales generalistas o temáticos, en función de las circunstancias y peculiaridades concurrentes en los ámbitos geográficos correspondientes y de los criterios establecidos. El problema que tendría esta redacción es que coincide con un periodo social y económico en España sometida a una gran crisis económica, por lo que el legislador se ve en la obligación de modificar la Ley 7/2010, de 31 de marzo, General de Comunicación Audiovisual, para intentar que los servicios audiovisuales públicos no se interrumpan, al no ser sostenibles, ni viables económicamente. Así, se intentarán flexibilizar los modos de gestión de los servicios públicos de comunicación audiovisual autonómicos[233]. Con la modificación practicada, se permite que las Comunidades Autónomas puedan decidir sobre si la prestación del servicio público de comunicación audiovisual se lleva a cabo mediante la gestión directa o indirecta, incluyendo modalidades de colaboración público-privada. En caso de no gestionar las Comunidades Autónomas el servicio, pueden convocar el oportuno concurso para la adjudicación de licencias, y aún gestionándolo, podrán transferirlo a tercero, atendiendo a su legislación autonómica específica.

De igual manera, se permitirá que los prestadores de servicio público de ámbito autonómico establezcan acuerdos para la producción o edición conjunta de contenidos con el objeto de mejorar la eficiencia de su actividad. Se impone a los prestadores de servicios de comunicación audiovisual, de ámbito autonómico de titularidad pública, una serie de obligaciones encaminadas a fijar el límite de gasto para el ejercicio económico de que se trate, así como la obligación de remitir un informe anual, para acreditar que se cumple con la Ley Orgánica 2/2012, de 27 de abril, de Estabilidad Presupuestaria y Sostenibilidad Financiera. Debemos destacar que de estas obligaciones se eximía a la Corporación RTVE, puesto que disponía de su propia ley específica.

Para controlar el cumplimiento de toda la normativa audiovisual la ley preveía el establecimiento de un órgano, el Consejo Estatal de Medios Audiovisuales. Este organismo se iba a convertir en la autoridad independiente supervisora y reguladora de actividad de los medios de titularidad del Estado que estuvieran bajo su competencia[234].

---

233 Publicada en el BOE nº 184, de 2 de agosto de 2012.

234 Se pretendía que, como establecía el artículo 45 de la Ley 7/2010, de 31 de marzo, velara y garantizara:

El Consejo Estatal de Medios Audiovisuales ostentaría poder sancionador, siendo sus elegidos sus miembros por mayoría cualificada de tres quintos del Congreso de los Diputados. Entre sus funciones se encontraban los de garantizar la transparencia y el pluralismo en el sector y la independencia e imparcialidad de los medios públicos, así como del cumplimiento de su función de servicio público. Este órgano supervisor nunca llegó a constituirse[235] y entrar en funcionamiento, por lo que no se puede saber si habría podido cumplir con sus objetivos de forma efectiva. El contexto de su derogación fue la política de austeridad llevada a cabo por el Gobierno, considerando que el coste económico del órgano era insostenible, señalando igualmente que había duplicidad de organismos supervisores, solapándose en competencias en algunas ocasiones. Bajo estas premisas se aprueba la Ley 3/2013, de 4 de junio, de creación de la Comisión Nacional de los Mercados y la Competencia[236] que deroga[237], mediante su disposición derogatoria el Título V

---

a) El libre ejercicio de la comunicación audiovisual en materia de radio, televisión y servicios conexos e interactivos en las condiciones previstas en la presente Ley.

b) La plena eficacia de los derechos y obligaciones establecidos en esta Ley: en especial todo lo referente al menor.

c) La transparencia y el pluralismo del sector de los medios de comunicación audiovisual.

d) La independencia e imparcialidad del sector público estatal de radio, televisión y servicios conexos e interactivos, y el cumplimiento de la misión de servicio público que le sea encomendada.

235 La Disposición transitoria séptima estableció que hasta la efectiva constitución del Consejo Estatal de Medios Audiovisuales sus funciones serían ejercidas por el órgano administrativo competente.

236 Publicada en el BOE nº 134, de 5 de junio de 2013.

237 Al crearse la Comisión Nacional de los Mercados y la Competencia quedan derogada la Comisión Nacional de Energía, la Comisión del Mercado de las Telecomunicaciones, la Comisión Nacional de la Competencia, el Comité de Regulación Ferroviaria, la Comisión

de la Ley 7/2010, de 31 de marzo, General de Comunicación Audiovisual, que regulaba la creación y regulación de la Autoridad Audiovisual estatal, es decir, el Consejo Estatal de Medios Audiovisuales.

En la Disposición derogatoria de la Ley 7/2010, de 31 de marzo, General de la Comunicación Audiovisual, se estableció la derogación de la Ley 46/1983, de 26 de diciembre, del Tercer Canal de Televisión, que regulaba la legislación autonómica de radio y televisión, y que como veremos, será determinante para la instauración y desarrollo de las televisiones autonómicas.

7. LEY 13/2022, DE 7 DE JULIO, GENERAL DE COMUNICACIÓN AUDIOVISUAL

La aprobación de la Directiva (UE) 2018/1808 del Parlamento Europeo y del Consejo, de 14 de noviembre de 2018, por la que se modifica la Directiva 2010/13/UE sobre la coordinación de determinadas disposiciones legales, reglamentarias y administrativas de los Estados miembros relativas a la prestación de servicios de comunicación audiovisual hace necesaria la modificación[238] de la Ley 7/2010, de 31 de marzo,

---

Nacional del Sector Postal, la Comisión de Regulación Económica Aeroportuaria y el Consejo Estatal de Medios Audiovisuales.

238 Entre los principales cambios que se llevarán a cabo en la normativa nacional, auspiciados por la Directiva 2018/1808, se encuentran:
a) la modificación del límite cuantitativo respecto de la emisión de comunicaciones comerciales audiovisuales, que pasa de ser el veinte por ciento por hora a ser el veinte por ciento del tiempo entre las 6:00 y las 18:00 y el veinte por ciento del tiempo entre las 18:00 y las 24:00.
b) la protección de los menores frente a los contenidos perjudiciales, aplicándose la misma regulación tanto a los servicios de radiodifusión tradicionales como a los servicios a petición.

General de la Comunicación Audiovisual. Pese a lo anterior, la nueva norma debía haber estado aprobada y entrado en vigor antes de septiembre de 2020, desplazando así a su predecesora casi dos años más tarde.

La Directiva (UE) 2018/1808 del Parlamento Europeo y del Consejo, de 14 de noviembre de 2018[239], por la que se modifica la Directiva 2010/13/UE sobre la coordinación de determinadas disposiciones legales, reglamentarias y administrativas de los Estados miembros relativas a la prestación de servicios de comunicación audiovisual es consecuencia de una serie de medidas presentadas por la Comisión Europea, dentro de la Estrategia para la creación de un mercado europeo único digital y preservar toda la diversidad cultural de la Unión Europea. La finalidad de la norma es alcanzar una regulación audiovisual en toda la Unión Europa para que la era digital pueda ser gestionada de forma coherente a la rápida evolución[240] de los sistemas tecnológicos. Esta Directiva busca un especial re-

---

c) la extensión de las disposiciones aplicables a las obras europeas a los prestadores del servicio de comunicación audiovisual a petición, que deben velar por que las obras europeas representen, como mínimo, el treinta por ciento de sus catálogos y conferirles la prominencia que merecen.

d) la inclusión de los servicios de intercambio de vídeos a través de plataforma en el ámbito de la Directiva de servicios de comunicación audiovisual, con el fin de garantizar la protección de los menores frente a los contenidos perjudiciales también en ese entorno, así como proteger a los espectadores en general de contenidos que inciten a la violencia o al odio o bien que constituyan una provocación pública a la comisión de un delito de terrorismo.

239 Publicada en el Diario Oficial de la Unión Europea, de 28 de noviembre de 2018.

240 En 2013 se publica por la Comisión Europea el Libro Verde denominado "Preparación para la plena convergencia del mundo audiovisual: Crecimiento, creación y valores", en el que se constataba que los servicios de comunicación audiovisual estaban convergiendo y que

fuerzo en la protección de los derechos de los consumidores y menores, armonizar las reglas aplicadas a los servicios lineales y condicionales de servicios audiovisuales, impulsar las obras audiovisuales europeas, así como dotar de un régimen uniforme a la publicidad.

Ante un sector (como es el audiovisual) en constante cambio, era necesaria la aprobación de una norma que modificara y adaptara la Ley 7/2010, de 31 de marzo, a la nueva situación. Como señala el Preámbulo de la Ley 13/2022, de 7 de julio, General de Comunicación Audiovisual, el objetivo de la norma es claro: "por un lado, se actualiza el marco jurídico general y básico para favorecer el desarrollo ordenado del mercado audiovisual permitiendo que la normativa permanezca vigente ante su rápido desarrollo que, además, se prevé mayor en los próximos años. En segundo lugar, se busca establecer las mismas reglas del juego para los diferentes actores que compiten en el sector por una misma audiencia; estas obligaciones dependerán de la capacidad de control editorial y de elección de los contenidos por parte de los prestadores, no de la tecnología que utilicen. Por otro lado, se trata de mantener y reforzar las medidas de protección y fomento de la producción de las obras audiovisuales europeas teniendo incluso en cuenta que existen servicios que, si bien están establecidos fuera del territorio español, tienen una presencia indiscutible en nuestro mercado nacional. En tercer lugar, se arbitran mecanismos para garantizar los derechos de los usuarios, como la protección de los menores y del público en general respecto de determinados contenidos, o el derecho a conocer quién es el responsable del contenido audiovisual. Por último, se garantiza el principio de igualdad efectiva de mujeres y hombres en el sector audiovisual, de conformidad con los artículos 9.2 y 14

---

el modo de ofertar y consumir estos servicios estaba cambiando rápidamente en función de los avances tecnológicos.

de la Constitución Española y con la Ley Orgánica 3/2007, de 22 de marzo, para la igualdad efectiva de mujeres y hombres".

La Ley 13/2022, de 7 de julio, General de Comunicación Audiovisual supone una verdadera adaptación del marco jurídico audiovisual, con un considerable aumento sustancial en la normativa. Esta notable ampliación ya se denota en el Preámbulo de la norma, que es mucho más extenso que su predecesora. También se pasa de 66 artículos que contenía la Ley 7/2010, de 31 de marzo, a los 167 artículos actuales. Debemos destacar dentro de los elementos más novedosos de la normativa como es la regulación, a través del artículo 2.13, del servicio de intercambio de vídeos a través de plataforma, definiéndolo como "servicio cuya finalidad principal propia o de una de sus partes disociables o cuya funcionalidad esencial consiste en proporcionar, al público en general, a través de redes de comunicaciones electrónicas, programas, vídeos generados por usuarios o ambas cosas, sobre los que no tiene responsabilidad editorial el prestador de la plataforma, con objeto de informar, entretener o educar, así como emitir comunicaciones comerciales, y cuya organización determina el prestador, entre otros medios, con algoritmos automáticos, en particular mediante la presentación, el etiquetado y la secuenciación". La anterior ley recogía al prestador de un servicio de catálogo de programas[241], pero no al que llevaba a cabo el intercambio de videos, no imponiéndole así las obligaciones inherentes para otros

241 El artículo 2, apartado 16 de la Ley 7/2010, de 31 de marzo, General de Comunicación Audiovisual define al prestador de un servicio de catálogo de programas como "la persona física o jurídica reconocida como prestador de servicio de comunicación audiovisual en la modalidad de «comunicación audiovisual a petición» que, directa o indirectamente, ofrece bajo demanda de clientes minoristas el visionado de películas cinematográficas, películas para televisión y series para televisión en un reproductor fijo, portátil o móvil con acceso a redes de IP".

prestadores de servicios de comunicación audiovisual, con el consiguiente perjuicio para unos y beneficios para otros. La Ley 13/2022, de 7 de julio, afecta todos los prestadores de servicios audiovisuales, en concreto afecta al intercambio de videos entre usuarios, por lo que los llamados *influencers*, están sujetos a la norma, algo que anteriormente no sucedía[242].

El proteccionismo de las obras audiovisuales europeas por el legislador comunitario, y de la producción en lenguas oficiales de diversas comunidades autónomas como el gallego, vasco o catalán por parte del legislador nacional se ha visto plasmado en la Ley 13/2022. El Título VI, sección 3ª, recoge la obligación de financiación anticipada de obra audiovisual europea y promoción de la diversidad lingüística. En lo que respecta a esta obligación de financiación anticipada de obra audiovisual europea por prestadores del servicio público de comunicación audiovisual televisivo, la Ley 7/2010, de 31 de marzo, contemplaba en el artículo 5 (dedicado al derecho a la diversidad cultural y lingüística) la obligación de los prestadores del servicio de comunicación audiovisual televisiva de cobertura estatal o autonómica de contribuir anualmente a la financiación anticipada de la producción europea de películas cinematográficas, películas y series para televisión, así como documentales y películas y series de animación, diferenciando en si eran prestadores televisivos autonómicos o privados, en cuyo caso debían destinar el 5 por 100 de los ingresos devengados en el ejercicio anterior conforme a su cuenta de explotación, correspondientes a los canales en los que emiten estos productos audiovisuales con una antigüedad menor a siete años desde su fecha de producción; o si eran prestadores de servicios de comunicación audiovisual de titularidad pública de cobertura estatal o auto-

---

242 *Vid.* CABELLO TRENADO, L., en “Ars Iuris Salmanticensis”, vol. 10, Ediciones Universidad de Salamanca, diciembre 2022, Salamanca, pág. 198.

nómica siendo esta obligación del 6 por 100. De esta forma, se imponía como mínimo, que del porcentaje que debían destinar a esta obligación de financiación, ya fueran prestadores de servicios de comunicación audiovisual de titularidad pública o privada, el 60 por ciento de esta obligación de financiación se destinará a la producción en alguna de las lenguas oficiales en España. Esto cambia con la actual Ley 13/2022, de 7 de julio, diferenciando en diversos artículos si la obligación de financiación anticipada de obra audiovisual europea es asumida por un prestador del servicio público de comunicación audiovisual televisivo[243] o por otros prestadores del servicio de comunicación audiovisual televisivo, lineal o a petición[244]. En el primer caso, ya no diferencia si la cobertura del prestador de servicios de comunicación audiovisual es nacional o autonómica[245], estableciéndose el mismo porcentaje de financiación, es decir, un 6 por ciento. En el caso, de la obligación de financiación anticipada de obra audiovisual europea para prestadores del servicio de comunicación audiovisual televisivo, lineal o a petición, como una gran novedad de la ley, debemos analizar que la norma sigue la Recomendación de la Comisión Europea, de 6 de mayo de 2003, sobre la definición de microempresas, pequeñas y medianas empresas. Con la anterior norma jurídica audiovisual, el prestador del servicio de comunicación audiovi-

---

243 Artículo 118.

244 Artículo 119.

245 Mediante el artículo 118.3 se permite que las Comunidades Autónomas con lenguas oficiales puedan regular obligaciones adicionales para los prestadores del servicio público de comunicación audiovisual televisivo de ámbito autonómico, incluso que *"por acuerdo entre uno o varios prestadores del servicio de comunicación audiovisual de ámbito autonómico sujeto a la obligación de financiación establecida en este capítulo y una o varias asociaciones que agrupen a la mayoría de los productores cinematográficos, podrá pactarse mediante convenio la forma de aplicación de las obligaciones de financiación previstas en este artículo, respetando las proporciones establecidas en el mismo"*.

sual televisiva de cobertura estatal o autonómica debía contribuir de forma obligatoria (sin importar el balance económico del prestador) anualmente a la financiación anticipada de la producción europea de películas cinematográficas, películas y series para televisión, así como documentales y películas y series de animación, con el 5 por 100 de los ingresos devengados en el ejercicio anterior conforme a su cuenta de explotación, correspondientes a los canales en los que emiten estos productos audiovisuales con una antigüedad menor a siete años desde su fecha de producción, sin importar el balance económico total. Esto desaparece en la Ley 13/2022, de 31 de julio, atendiendo el artículo 119.2 a los ingresos computables anuales conforme a su cuenta de explotación, por lo que, si estos sean iguales o superiores a cincuenta millones de euros, se destinará anualmente el cinco por ciento de dichos ingresos a la financiación de obra audiovisual europea, a la compra de derechos de explotación de obra audiovisual europea ya terminada y/o a la contribución al Fondo de Protección a la Cinematografía o a la contribución al Fondo de fomento de la cinematografía y el audiovisual en lenguas cooficiales distintas al castellano.

Se establecen una serie de rigurosas condiciones, que debe asumir los prestadores del servicio público de comunicación audiovisual televisivo dentro de sus respectivos porcentajes destinados a, de forma obligatoria, a financiar obras audiovisuales europeas, destinar un "mínimo de un setenta por ciento deberá destinarse a obras audiovisuales producidas por productores independientes, por iniciativa propia o por encargo, conforme a lo dispuesto en el artículo 112, en la lengua oficial del Estado o en alguna de las lenguas oficiales de las Comunidades Autónomas. De esta subcuota, el prestador del servicio público de comunicación audiovisual televisivo de ámbito estatal reservará, en todo caso:

> 1° Un mínimo del quince por ciento a obras audiovisuales en lenguas oficiales de las Comunidades Autónomas, teniendo en cuenta su peso poblacional y reservando, al menos, un diez por ciento para cada una de ellas.

2.º Un mínimo del treinta por ciento a obras audiovisuales dirigidas o creadas exclusivamente por mujeres.

3º Un mínimo de un cuarenta y cinco por ciento deberá destinarse a películas cinematográficas producidas por productores independientes, por iniciativa propia o por encargo, conforme a lo dispuesto en el artículo 112, de cualquier género en la lengua oficial del Estado o en alguna de las lenguas oficiales de las Comunidades Autónomas.

4º Un mínimo de un doce por ciento deberá destinarse a animación y documentales".

Esta medida no ha estado alejada de polémicas, debido a que el establecimiento de cupos obligatorios de desarrollo de obras audiovisuales en alguna de las lenguas oficiales de las Comunidades Autónomas podría llevar a un desequilibrio económico empresarial en los prestadores de servicios audiovisuales. De esta forma, los mercantiles audiovisuales nacionales pueden sufrir una merma económica frente a las grandes plataformas audiovisuales con presupuestos millonarios, que pueden destinar muchos recursos sin importar, en ocasiones, el beneficio económico. De igual manera, podría suponer un freno para la inversión extranjera en España, al conllevar a que determinados prestadores de servicios de comunicación audiovisual no se instalen en nuestro país, si deben cumplir con cuotas de inversión en obras audiovisuales en lenguas oficiales de las Comunidades Autónomas. Estas cuotas obligatorias pueden suponer una baja audiencia, con un detrimento económico en sus beneficios.

Otro factor importante de la Ley 13/2022, de 31 de julio, General de Comunicación Audiovisual es la protección que se le ha querido dar por el legislador a las obras audiovisuales dirigidas o creadas exclusivamente por mujeres, como hemos señalado anteriormente. Con esta medida se pretende fomentar el papel de la mujer en el mundo audiovisual.

Capítulo VII.
Conclusiones

El presente estudio ha llevado a cabo un análisis, estudio y compendio de toda la normativa en materia audiovisual existente, la cual se encuentra muy disgregada, siendo muy pocas obras las que hacen un examen pormenorizado en la materia.

El derecho a la libertad de información fue uno de los primeros derechos que se constitucionalizó en la CE de 1978, teniendo claro el legislador de la importancia que tenía, siendo pilar básico del sistema democrático y la piedra angular de una sociedad libre y plural. Para consolidar la libertad de información ha sido necesario dotar al derecho de un contenido fundamental y básico, así como establecer sistemas que impidan cualquier tipo de censura o limitación previa.

Por ello, ha sido necesario analizar la normativa de la radio y televisión, medios audiovisuales consolidados, pero sin olvidar a la prensa. Como precursora que fue de aquellas, era imprescindible analizar su evolución, desde el control real de la impresión, hasta la adopción de la libre competencia por los medios de prensa en España. Su importancia también se debe a que muy pocos hogares en nuestro país disponían de televisión hasta muy avanzado el siglo XX, debiendo la sociedad acudir a los medios escritos y radiofónicos para conocer de los sucesos. El uso de la radio ha tenido un notable impacto social que perdura hasta nuestros días. Debe destacarse el papel primordial que la radio ha tenido como consecuencia del "apagón" de suministro eléctrico que sufrió España, el 28 de abril de 2025. Esto ha hecho que vuelva a replantease el papel necesario que tuve en el pasado, y que ha vuelto a poner de manifiesto en el presente. Así, se ha podido analizar toda la normativa existente en la II República así durante la contienda de la guerra civil española, así como durante la dictadura. Todo el análisis de las normas jurídicas tenido un mismo denominado común: la importancia de este medio y la necesidad de los poderes públicos de tener un control sobre estos medios para así controlar el desarrollo o creación de una opinión pública libre y plural.

En relación con la televisión en España, han sido muchas las leyes que han regulado este medio audiovisual a lo largo de la historia reciente democrática española. Así las cosas, no se concibe como la primera regulación jurídica de la televisión tras la aprobación de la CE, como es la Ley 4/1980, de 10 de enero, del Estatuto de la Radio y la Televisión, fuese aprobada mediante una ley ordinaria y no a través de una ley orgánica. La gran normativa audiovisual y sus modificaciones son el reflejo de la envergadura de estos medios, así como el constante cambio y mejoras tecnológicas en su desarrollo que conllevan a la necesidad de adaptar las leyes a la realidad social y tecnológica del momento. Con esta voluntad se promulgó la reciente Ley 13/2022, de 7 de julio, general de Comunicación Audiovisual, entre cuyos objetivos se encuentran los de regular situaciones que no se contemplaban en la anterior norma jurídica audiovisual, transponiendo a nuestra legislación nacional lo determinado por diversas directivas europeas.

Debemos hacer hincapié en la especial protección que se destina desde los medios de comunicación, así como de los poderes públicos para dotar al sistema jurídico de una amplia protección hacia colectivos vulnerables como son juventud, infancia o víctimas de violencia de género, para salvaguardarlos de actuaciones que puedan influir en ellos negativamente. Prueba de ello es que todas las leyes actuales recogen una serie de principios sobre los que deben girar sus políticas y actuaciones.

A nuestro juicio, la posibilidad de que Castilla-La Mancha pudiera contar, atendiendo a la CE y a su estatuto de autonomía, de unos medios audiovisuales públicos dentro de su respectivo territorio, así como su posterior establecimiento hace más de veinte años, fue un hito en la historia más reciente de nuestra región. El hecho de que esté más que asentada si radio televisión autonómica se debe a que su programación, alejada de criterios puramente económicos o estadísticos, sirve para el desarrollo de un ente audiovisual público regional de calidad.

El ente público de radio y televisión de Castilla-La Mancha tiene un papel fundamental en la sociedad castellanomanchega. Como declara la Ley Orgánica 9/1982, de 10 de agosto, de Estatuto de Autonomía de Castilla-La Mancha, debe proporcionar a la ciudadanía su realización cultural y social, siendo estos objetivos los que debe conseguir entreteniendo y desarrollando la personalidad de las personas.

Si bien es cierto que la web de CMM es muy amplia con multitud de datos y referencias, consideramos que debería estar actualizada especialmente en lo referente a la parte jurídica, ya que es llamativo como la ley sobre la que versa toda la normativa audiovisual en nuestro país (Ley 13/2022, de 7 de julio, general de comunicación audiovisual) no es mencionada, a diferencia de su predecesora que figura expresamente pese a estar derogada, por lo que debería estar completamente actualizado.

En esta misma situación se encuentra otra importante referencia que se hace al órgano fiscalizador de CMM, indicando que la actividad económica y financiera del Ente Público y de sus empresas públicas y filiales se encuentra sometida al control de la Sindicatura de Cuentas de Castilla, órgano que fue suprimido en 2014, asumiendo actualmente sus competencias la Cámara de Cuentas de Castilla-La Mancha. Sobre el Plan de Igualdad (aprobado en 2020) se echa en falta alguna mención concreta a determinar si se está negociando el nuevo plan, y más siendo un problema social el de la violencia machista que debe ser objeto de una renovación constante para así intentar erradicarlo con políticas proactivas desde los entes públicos que consigan llegar al resto de las empresas y sociedad.

CMM debe ser una alegoría de la pluralidad y respeto por las ideas, pensamientos y opiniones de toda la ciudadanía, alejada de una orientación ideológica única. Como bien señala la CE se reconoce y protege el derecho a "comunicar o recibir libremente información veraz por cualquier medio de difusión", debiendo ser ahora más que nunca CMM un referente en transmitir información veraz y de calidad, con sometimiento inequívoco a los derechos, deberes y obligaciones recogidos en la CE.

Bibliografía

BALAGUER CALLEJÓN, M.L., *Derecho de la información y de la comunicación*, Tecnos, Madrid, 2016.

BENITO GARCÍA, J.M., "LAS TELEVISIONES PÚBLICAS EN ESPAÑA: POR QUÉ Y PARA QUÉ", EDITORIAL FE D`ERRATAS, MADRID, 2017.

CABELLO TRENADO, L., EN "ARS IURIS SALMANTICENSIS", VOL. 10, EDICIONES UNIVERSIDAD DE SALAMANCA, DICIEMBRE 2022, SALAMANCA.

CAL, R., "LA INCAUTACIÓN DE BIENES: NOTAS SOBRE LA RADIO", HISTORIA Y COMUNICACIÓN SOCIAL, Nº 6, MADRID, 2001.

CAMPOS FREIRE. F., Y VALENCIA BERMÚDEZ, A., "LOS RETOS DE LA GOBERNANZA, FINANCIACIÓN Y VALOR DE LAS RADIOTELEVISIONES PÚBLICAS" EN MARZAL FELICI, J., LÓPEZ RABADÁN, P. Y IZQUIERDO CASTILLO, J. (EDITS.), LOS MEDIOS DE COMUNICACIÓN PÚBLICOS DE PROXIMIDAD EN EUROPA, TIRANT, VALENCIA, 2018.

CARLON RUIZ, M., "ARTÍCULO 20.3, REGULACIÓN, CONTROL Y ACCESO A LOS MEDIOS PÚBLICOS DE COMUNICACIÓN SOCIAL" EN RODRIGUEZ-PIÑERO Y BRAVO FERRER, M., Y CASAS BAAMONDE, M. E., (DIRS.), COMENTARIOS A LA CONSTITUCIÓN ESPAÑOLA DE 1978, FUNDACIÓN WOLTERS KLUWERS, TOMO I, MADRID, 2018.

CARRILLO, M., *LOS LÍMITES A LA LIBERTAD DE PRENSA EN LA CONSTITUCIÓN ESPAÑOLA DE 1978,* PROMOCIONES PUBLICACIONES UNIVERSITARIAS, 1987.

CARRILLO, M., *LA CLÁUSULA DE CONCIENCIA Y EL SECRETO PROFESIONAL DE LOS PERIODISTAS,* CIVITAS, MADRID, 1993.

COUSIDO GONZÁLEZ, M P., DERECHO DE LA COMUNICACIÓN AUDIOVISUAL Y DE LAS TELECOMUNICACIONES, COLEX, MADRID, 2001.

DE CARRERAS SERRA, L., *LAS NORMAS JURÍDICAS DE LOS PERIODISTAS, DERECHO ESPAÑOL DE LA INFORMACIÓN,* EDITORIAL UOC, BARCELONA, 2008.

DOMÍNGUEZ ORTIZ, A., *LAS CLASES PRIVILEGIADAS EN LA ESPAÑA DEL ANTIGUO RÉGIMEN,* EDICIONES ISTMO, MADRID, 1973.

ESTEBAN, J. Y LOPEZ GUERRA, L., "EL FIASCO TELEVISIVO", EN *DE LA DICTADURA A LA DEMOCRACIA (DIARIO POLÍTICO DE UN PERÍODO CONSTITUYENTE)*, FACULTAD DE DERECHO DE LA UNIVERSIDAD COMPLUTENSE DE MADRID, MADRID, 1979.

GARCÍA HERRERA, M., "ESTADO DEMOCRÁTICO Y LIBERTAD DE EXPRESIÓN", REVISTA DE LA FACULTAD DE DERECHO DE LA UNIVERSIDAD COMPLUTENSE, 1981.

GARCÍA PELAYO, M., "DERECHO CONSTITUCIONAL COMPARADO", REVISTA DE OCCIDENTE, 5ª EDICIÓN, MADRID, 1959.

GARRIDO CUENCA, N. M., "EL ESTATUTO DE AUTONOMÍA DE CASTILLA-LA MANCHA" EN ALONSO C., BELTRAN M., DELGADO F., MORENO J.A., (COORDS.), DERECHO PÚBLICO DE CASTILLA-LA MANCHA, IUSTEL, MADRID, 2016.

GUICHOT, E., "DERECHO DE LA COMUNICACIÓN", IUSTEL, MADRID, 2015.

GÓMEZ APARICIO, P., *HISTORIA DEL PERI*ODISMO ESPAÑOL, *DESDE LA GACETA DE MADRID (1616) HASTA EL DESTRONAMIENTO DE ISABEL II*, EDITORIAL NACIONAL, MADRID.

GÓMEZ-REINO Y CARNOTA, E., *APROXIMACIÓN HISTÓRICA AL DERECHO DE LA IMPRENTA Y DE LA PRENSA EN ESPAÑA*, ESCUELA NACIONAL DE ADMINISTRACIÓN PÚBLICA, MADRID, 1977.

GONZÁLEZ ENCINAR, J.J., "LA TELEVISIÓN PÚBLICA EN ESPAÑA", EN GONZÁLEZ ENCINAR, J. J. (ED.), *LA TELEVISIÓN PÚBLICA EN ESPAÑA*, MC GRAW HILL, 1996.

JIMÉNEZ DE PARGA, M., "EL CONTENIDO ESENCIAL DE LOS DERECHOS Y LIBERTADES. ASUNCIÓN POR EL LEGISLADOR CONSTITUCIONAL DE UNA NORMA PRE-CONSTITUCIONAL", ACTUALIDAD JURÍDICA, Nº 4, BARCELONA.

LÓPEZ CEPEDA, A. M., *NUEVOS Y VIEJOS PARADIGMAS DE LA TELEVISIÓN PÚBLICA*, COMUNICACIÓN SOCIAL EDICIONES Y PUBLICACIONES, SALAMANCA, 2015.

ORTEGA GUTIERREZ, D., *EL DERECHO A LA COMUNICACIÓN, UN ANÁLISIS JURÍDICO-PERIODÍSTICO*, CENTRO DE ESTUDIOS RAMÓN ARECES, MADRID, 2011.

PARADA VÁZQUEZ, J.R., Y BACIGALUPO, M., "COMENTARIO AL ART. 20.3" EN ALZAGA VILLAAMIL, O. (DIR.), CONSTITUCIÓN ESPAÑOLA DE 1978, EDERSA, MADRID, 1997, TOMO II.

PEINADO MIGUEL, F., "LA RADIODIFUSIÓN SONORA EN ESPAÑA: EVOLUCIÓN JURÍDICA", REVISTA GENERAL DE LA INFORMACIÓN Y DOCUMENTACIÓN, VOL. 8, Nº 2, 1998.

PÉREZ DE GUZMÁN, J., "DE LA LIBERTAD DE IMPRENTA Y DE SU LEGISLACIÓN EN ESPAÑA", REVISTA ESPAÑA, T. 34, MADRID, 1873.

PÉREZ LUÑO, A., E., *DERECHOS HUMANOS, ESTADO DE DERECHO Y CONSTITUCIÓN,* TECNOS, MADRID, 1984.

RUIZ DE APODACA ESPINOSA, A., EN "LA NUEVA CORPORACIÓN RTVE Y SU CONFIGURACIÓN EN LA LEY 17/2006, DE 5 DE JUNIO, DE LA RADIO Y TELEVISIÓN ESTATAL", EN *ORGANIZACIÓN Y PROCEDIMIENTOS ADMINISTRATIVOS. LIBRO HOMENAJE AL PROFESOR F. GONZÁLEZ NAVARRO* (J. F. ALENZA GARCÍA Y J. A. RAZQUÍN LIZARRAGA, DIRS.), ARANZADI, 2007.

ROSADO IGLESIAS, G., *LA TELEVISIÓN PÚBLICA EN ESPAÑA,* CEDECS EDITORIAL, BARCELONA, 1999.

SALVAT, M., *LA TELEVISIÓN,* SALVAT EDITORES, BARCELONA, 1973.

SINOVA, J., "LOS MEDIOS DE PRENSA ESCRITA" EN *DERECHO DE LA INFORMACIÓN,* BEL MALLEN, I., CORREIDORA Y ALFONSO, L., (COORDS.) ARIEL, BARCELONA, 2003, PÁG. 444.

SORIA, C., *ORÍGENES DEL DERECHO DE RADIODIFUSIÓN EN ESPAÑA,* EUNSA, PAMPLONA, 1974.

TERROU, F., *LA INFORMACIÓN,* OIKOS-TAU, BARCELONA, 1970.

VÁZQUEZ MONTALBÁN, M., *INFORME SOBRE LA INFORMACIÓN,* EDITORIAL FONTANELLA, BARCELONA, 1975.